AF603334

BIBLIOTHÈQUE
DE L'AMATEUR
DU CHANT LITURGIQUE

MÉTHODE POPULAIRE
DE PLAIN-CHANT ROMAIN
ET
PETIT TRAITÉ DE PSALMODIE

APPROBATIONS.

ÉVÊCHÉ DE GAP.

Monsieur Repos,

J'ai reçu les deux petits volumes que vous avez bien voulu m'envoyer : l'**A B C du Plain-Chant** et la **Méthode populaire du Plain-Chant romain et petit Traité de Psalmodie.** Ces deux ouvrages me paraissent très-bons, très-méthodiques et très-propres à propager la science du plain-chant.

Je vais les proposer à mes curés et les introduire dans mes séminaires.

Il serait à désirer qu'ils fussent entre les mains des elèves des ecoles normales, des instituteurs et surtout des elèves des frères des Ecoles chrétiennes.

Je fais des vœux pour que vos grandes entreprises soient couronnées d'un plein succès. Vos belles editions de chant liturgique meritent l'attention de tous ceux qui s'occupent de ressusciter en France le véritable chant de l'Eglise et de plus elles auront l'avantage de mettre l'**unité** dans cette partie essentielle de la liturgie romaine.

Gap, 28 septembre 1857.

IRÉNÉE, Évêque de Gap.

ÉVÊCHÉ DE MONTPELLIER.

Monsieur Repos,

Un ecclésiastique tout à fait competent, auquel j'ai soumis l'**ABC du Plain-Chant** et la **Méthode suivie du Traité de Psalmodie**, dont vous êtes editeur, venant de m'assurer après une étude reflechie, qu'il ne se pouvait trouver **rien de plus consciencieux, de plus exact, de plus court et de plus véritablement élémentaire que ces petits ouvrages** c'est très-volontiers que je les adopte et que je leur donne, pour mon diocèse, toute mon approbation.

Montpellier, le 1er octobre 1857.

CHARLES, Évêque de Montpellier.

ARCHEVÊCHÉ D'AIX.

Monsieur Repos,

L'étude du Plain-Chant est malheureusement beaucoup trop négligée, vous rendez donc un vrai service à l'Eglise en publiant les **Traités élémentaires** qui contribueront à former de bons chantres pour nos paroisses.

Je verrais avec satisfaction se répandre dans mon Diocèse ces publications à bon marché que j'adopte de grand cœur.

Aix, le 10 octobre 1857.

GEORGES, Archevêque d'Aix.

ÉVÊCHÉ DE DIGNE.

Mon cher Monsieur Repos,

J'ai lu avec attention l'**ABC du Plain-Chant** et la **Méthode populaire du Plain-Chant romain** que vous venez d'editer à Paris. Ces deux opuscules, aussi utiles pour le fond que soignes pour la forme, sont très-propres à propager la connaissance du chant ecclesiastique ; c'est avec un nouveau plaisir que je les adopte et les approuve pour mon diocese.

Digne, le 12 octobre 1857.

M. JULIEN, Évêque de Digne.

MÉTHODE POPULAIRE

DE

PLAIN-CHANT

ROMAIN

ET PETIT

TRAITÉ DE PSALMODIE

APPROUVÉS PAR L'AUTORITÉ ECCLÉSIASTIQUE

ET

PUBLIÉS PAR E. REPOS

« C'est par un enseignement sagement
« organisé que, de nos jours, on sauvera le
« Plain-Chant d'une ruine imminente. »

DEUXIÈME ÉDITION

PARIS
E. REPOS, LIBRAIRE ÉDITEUR
de Livres liturgiques et de Chant romain
8, RUE CASSETTE, PRÈS L'ÉGLISE SAINT-SULPICE
1858

TABLE DES MATIÈRES.

MÉTHODE POPULAIRE
DE
PLAIN-CHANT ROMAIN.

INTRODUCTION.

1. Le Plain-Chant est cette musique grave, simple, calme et vraiment religieuse que l'Église catholique de l'Occident emploie, d'une manière spéciale, pour rendre plus solennelles les prières du Culte.

* Vers la fin du VIe siècle, le pape S. Grégoire-le-Grand mit en ordre toutes les mélodies en usage alors parmi les fidèles, et il en composa un Recueil qui porte son nom. C'est de ce Recueil que provient le *Chant Romain* connu et pratiqué en France depuis trois cents ans. Le *Chant Romain* n'est pas tout-à-fait semblable au *Chant Grégorien*, mais les différences qu'on y remarque, consistent surtout en des abréviations qui ont été ordonnées par l'Autorité ecclésiastique elle-même, après le Concile de Trente (dès l'année 1564), dans les passages où les mélodies anciennes ont été reconnues par trop longues, ou par trop surchargées de notes et de répétitions.

2. Pour écrire le Plain-Chant, on se sert de quelques signes de convention. L'ensemble de ces signes se nomme NOTATION.

* Au moyen de cette notation, on rend sensible à la vue, on conserve pour soi-même et l'on peut transmettre aux autres toute espèce de morceaux de Plain-Chant.

3. Mais il ne suffit pas de lire l'écriture du Plain-Chant ; il faut encore : 1° savoir pratiquer ou chanter ce que cette écriture exprime ; 2° avoir une idée générale du genre tout particulier de musique qu'elle représente ; et 3°, enfin, connaître les divers morceaux de cette musique et leur usage dans les offices de l'Église.

* Les quatre chapitres de cette méthode donneront aux élèves un aperçu de toutes ces choses.

CHAPITRE PREMIER.

De la Notation du Plain-Chant.

1. La notation du Plain-Chant se compose des signes appelés *Portée*, *Notes*, *Clefs*, *Guidons*, *Bémol*, *Bécarre*, *Dièse*, et *Barres de conclusions* ou *de silences*.

De la Portée.

2. On nomme *Portée* les quatre ou cinq lignes parallèles et horizontales qui *portent* tous les autres signes de l'écriture du Plain-Chant. Exemple :

3. Ces lignes se comptent de bas en haut. Ainsi l'on dit :

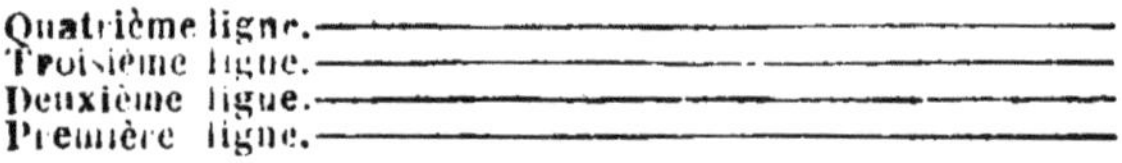

Quatrième ligne.
Troisième ligne.
Deuxième ligne.
Première ligne.

4. Les *interlignes* se comptent de la même manière, savoir :

Troisième interligne.
Deuxième interligne.
Premier interligne.

5. Les signes du Plain-Chant s'écrivent sur les lignes et dans les interlignes de la portée, comme on le verra plus loin.

6. Il y a des livres notés avec des portées de cinq lignes :

mais cela ne fait rien à la chose : il importe peu que la portée soit écrite avec *quatre* ou avec *cinq* lignes.

7. Lorsque ces quatre ou cinq lignes ne suffisent pas, ce qui arrive quelquefois, on en ajoute une petite nommée *locale* et *supplémentaire,* au-dessus ou au-dessous de la portée. On en verra plus loin de nombreux exemples.

Des Notes.

8. Les *Notes* sont des figures qui représentent les sons et leur durée temporaire, c'est-à-dire qu'elles indiquent s'ils sont graves, moyens ou aigus, et s'ils doivent être d'un mouvement long, modéré ou rapide.

9. La durée temporaire des sons se marque par la *forme* des notes ; leur degré respectif d'élévation est désigné par leur position même sur les lignes ou dans les espaces de la portée.

10. Si le son doit être appuyé et un peu soutenu, on le représente par un gros point carré armé d'une queue, ; s'il doit être d'une durée moins prononcée, on l'indique au moyen d'un gros point carré sans queue, ; s'il doit être exprimé légèrement, on donne à sa note une forme de losange, de cette manière : .

Ainsi, il y a trois espèces de notes dans le Plain-Chant :

La *Brève* vaut la moitié de la *Commune*, et la *Longue* vaut, à peu près, la durée réunie de la *Commune* et de la *Brève.* Du reste, le Plain-Chant n'étant pas mesuré, ces valeurs ne sont pas rigoureuses, et on ne les observe qu'approximativement.

* Il y a souvent, dans les livres, deux notes *carrées* ou *communes* qui ne forment qu'une seule note. Celle-ci vaut tout simplement le double, à peu près, d'une *carrée ordinaire.*— On voit aussi très-souvent plusieurs notes sur une seule syllabe latine. Ces réunions de notes se nomment *ligatures*, c'est-à-dire, *notes liées* ou *groupes mélodiques.* Les traits ou queues qui servent à lier ces notes, ne sont pas toujours des marques de durée temporaire. Dom Jumilhac et Léonard Poisson soutiennent même que ces queues sont toujours, dans les ligatures, de simples signes de liaison des notes entre elles.

11. La gravité ou l'acuité des sons usités dans le Plain-Chant est rendue sensible, comme on l'a dit plus haut (n° 9), par la position même des notes sur les lignes ou dans les interlignes de la portée. Le son relativement le plus bas ou le plus grave se représente par la figure de note placée immédiatement au-dessous de la ligne inférieure, réelle ou supplémentaire ; le plus haut, par la figure posée immédiatement au-dessus de la ligne supérieure, également réelle ou supplémentaire ; toutes les autres positions, entre ces deux points extrêmes,

marquent des sons qui s'élèvent progressivement depuis le plus bas jusqu'au plus aigu. Exemples :

Des Clefs.

12. Il serait impossible de savoir la distance ou l'intervalle qui sépare chaque son l'un de l'autre, depuis le plus grave jusqu'au plus aigu, si d'abord on ne donnait pas un nom à chacun d'eux, et conséquemment aux notes qui les représentent.

13. Il y a dans le Plain-Chant, comme dans la musique moderne, sept noms de notes, savoir :

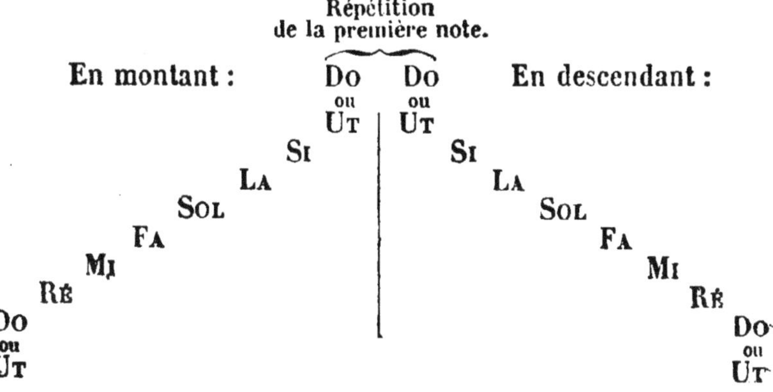

14. D'*ut* à *ré,* il y a un ton ; de *ré* à *mi,* un ton ; de *mi* à *fa,* un demi-ton ; de *fa* à *sol,* un ton; de *sol* à *la,* un ton ; de *la* à *si,* un ton ; de *si* à *ut,* un demi-ton.

* Avec le secours d'un maître ou d'un instrument à sons fixes, il sera facile de bien saisir et de chanter juste les différents intervalles de tons et de demi-tons qui viennent d'être indiqués. Aucune explication ne peut remplacer ce secours.

15. Les sept noms des notes suffisent pour désigner tous les sons du Plain-Chant, comme sept noms suffisent pour indiquer tous les jours de l'année. Exemples :

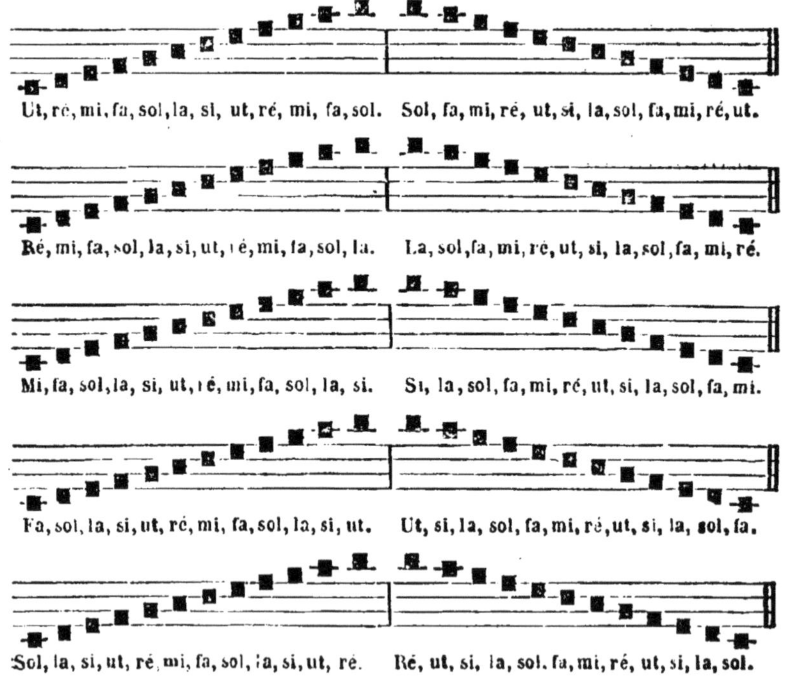

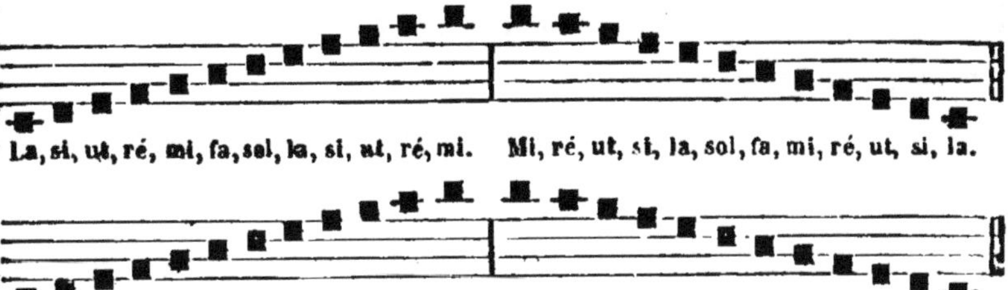

16. Ce qui précède montre clairement que si toutes les notes y sont nommées, c'est uniquement parce que l'on connaît le nom de la première note de chaque exemple.

17. Mais du moment que le nom de la première note d'un morceau suffit pour connaître celui de toutes les autres, il est évident que *celui d'une note quelconque doit produire le même résultat.* Cette *note nommée* devient en quelque sorte, et à l'instant même, une espèce de CLEF qui OUVRE la connaissance de toutes les autres notes du morceau que l'on doit chanter.

18. Il suffirait, pour avoir cette admirable clef, d'écrire en tête d'une pièce de Plain-Chant : « La « note posée sur telle ou telle ligne de la portée se « nomme de telle ou telle manière. » Mais ce moyen ne serait pas aussi avantageux que celui qui a été inventé depuis le XIe siècle, et qui consiste en un signe que l'on écrit en tête de chaque portée de

Plain-Chant, pour indiquer la position des notes UT, FA, et quelquefois SOL.

19. La clef de *Sol* se pose sur la deuxième ligne, mais ne s'emploie guère en Plain-Chant que lorsqu'on l'imprime sur des portées de cinq lignes :

Clef de *sol*.

Exemple :

Dans cet exemple, la première note est un *sol*, parce qu'elle est posée sur la ligne de la *clef de sol*, c'est-à-dire, sur la deuxième ligne de la portée; la seconde note est un *ré;* la troisième, un *ré;* la quatrième, encore un *ré;* la cinquième, un *ut;* la sixième, un *mi;* la septième et la huitième, deux *ré*.

* On trouve la clef de *sol* dans les anciens Graduels de Sens, pour la Prose du jour de Pâques, *Fulgens præclara*, et pour la Prose de la Nativité de S. Jean-Baptiste, *Gaude caterva* (*Traité du Plain-Chant Grégorien*, par Léonard Poisson, Paris, 1750, page 51). *Voir* aussi le fameux *Traité* que Dom Jumilhac a fait paraître à Paris, chez Bilaine, en 1673.

20. La clef de *Fa* se pose quelquefois sur la deuxième, mais plus généralement, en France, sur la troisième ligne de la portée. Cette position indique celle de la note *fa* elle-même :

Exemples :

Toutes les notes qui se trouvent sur la 2e ligne, sont des *fa*.

Toutes les notes qui se trouvent sur la 3e ligne, sont des *fa*.

21. La clef d'*Ut* se pose d'ordinaire sur la troisième et la quatrième ligne, de cette manière . . . .

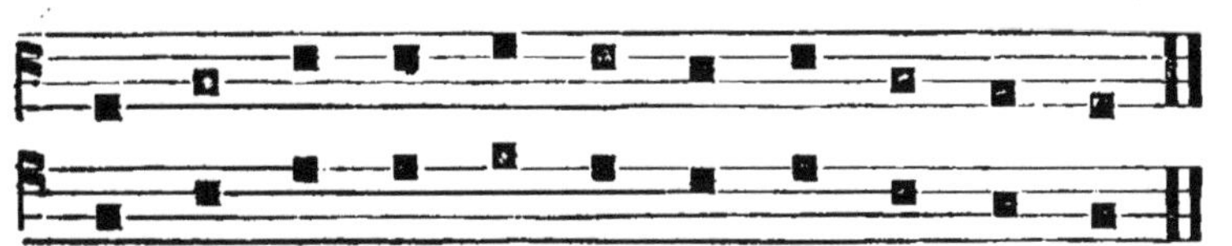

22. La forme actuelle des clefs de *Fa*, de *Sol* et d'*Ut* est une altération des lettres F, G et C, qui, primitivement, servaient à désigner les notes *Fa*, *Sol* et *Ut* (1). On ne peut donc dire, avec un auteur moderne, qu'en général la clef représente deux ou trois marteaux fichés à un seul manche. Une pareille définition est ridicule.

* L'usage des clefs n'est pas indifférent: la clef de *fa* marque les sons graves de la voix humaine; la clef d'*ut* sur la quatrième ligne, les sons moyens; la clef d'*ut* sur la troisième ligne, les sons aigus.

Du Guidon.

23. Le *Guidon* ne se chante pas : c'est un signe qui, comme son nom l'indique, guide le chantre en lui indiquant d'avance, surtout à la fin d'une portée, quelle est la première note de la portée suivante.

Le Guidon ressemble un peu, dans nos livres mo-

(1) C D E F G A B c
Ut, Ré, Mi, Fa, Sol, La, Si, Ut.

dernes, à une note à queue :

On en verra beaucoup d'exemples dans cette petite méthode.

Du Bémol, du Dièse et du Bécarre.

24. Le *Bémol* est une sorte de b que l'on place sur la même ligne ou dans le même interligne que la note dont le son doit être abaissé d'un demi-ton.

On sait que, du *la* au *si*, il y a un ton ; mais ici, du *la* au *si bémol*, il n'y a plus qu'un demi-ton.

Quand le *Bémol* est écrit immédiatement après toutes les clefs d'un morceau, son effet est général : tous les *si* doivent être bémolisés.

25. Le *Dièse* ( ) produit un effet contraire à celui du bémol, c'est-à-dire, qu'il élève d'un demi-ton le son de la note vis-à-vis de laquelle il est immédiatement placé. Exemples :

Grâce au dièse, le *fa* qui devrait être éloigné d'un ton de la note *sol*, ne l'est plus ici que d'un demi-ton.

Généralement, le *dièse* ne s'écrit pas dans le Plain-Chant ; mais on l'observe dans les passages semblables à celui qui vient d'être donné.

* « Les dièses se trouvent marqués dans quelques nouveaux livres « d'Eglise ; mais quand même ils ne le seraient pas, cela ne devrait « embarrasser personne : car on les fait naturellement, même sans y « penser, et il faudrait se forcer pour ne les pas faire (*Le Maistre « des Novices dans l'art de chanter*, par Remy Carré, Paris, 1744, « pag. 43). »

26. Le *Bécarre* est encore une espèce de b (♮) que l'on marque immédiatement avant une note qui a été affectée d'un bémol ou d'un dièse, quand on veut rendre à cette note *son intonation naturelle* (*voir* plus haut, n° 14).

Des Barres de Silences.

27. On appelle *Barres* certaines lignes perpendiculaires qui traversent la portée. Exemples :

N° 1. N° 2. N° 3.

28. La valeur de ces *Barres* n'est pas la même dans tous les livres de chant.

La petite barre du n° 1 se place après le chant de chaque mot dans certains livres. Exemples :

Ou bien avec des traits d'union :

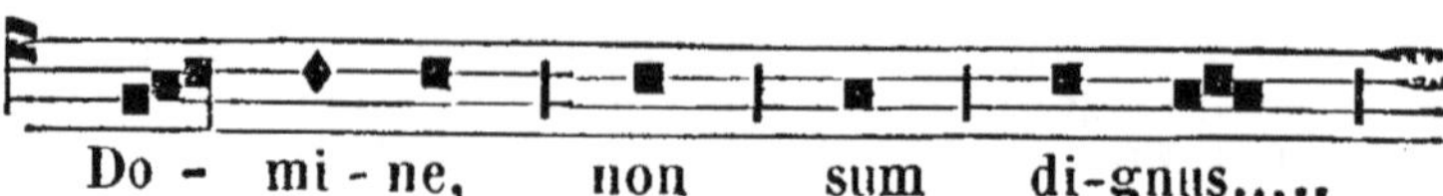

Ou encore avec variantes dans le placement des barres :

Lorsque la petite barre du n° 1 n'est point placée après le chant qui convient à chaque mot, mais de distance en distance, elle est alors le signe d'un petit silence. Exemple :

La seule présence des traits d'union indique ici le nombre des syllabes composant chaque mot ; ainsi, dans l'exemple précédent, il est facile de voir qu'il y a *deux fois* trois mots (*quæ fecisti nobis, in vero judicio*) sans barres après chacun d'eux. Donc, les barres de cet exemple sont des marques de petit silence ou de respiration sensible.

29. La *Barre* du n° 2, ou *Barre simple générale*,

désigne un silence un peu plus marqué que celui de la petite barre, quand cette dernière a cette valeur dans les livres : ce qui fait deux signes de respiration sensible dans le Plain-Chant. Mais comme la durée respective de ces deux sortes de silence est assez peu appréciable dans le Plain-Chant qui ne doit pas être soumis à une mesure rigoureuse, il y a plusieurs livres où la barre du n° 1 est remplacée par celle du n° 2.

30. La *Double Barre* ( ) indique la fin d'un morceau ou d'une partie notable d'un morceau de Plain-Chant.

On s'en sert encore, au commencement d'un morceau, de cette manière ( ), pour en marquer l'*intonation*, c'est-à-dire, ce qui doit être chanté par une ou deux voix seulement. Après la double barre, le chœur continue le morceau.

Également, vers la fin de certaines pièces de chant, on fait quelquefois usage de cette dernière *Double Barre*, pour montrer l'endroit où toutes les voix doivent se réunir et terminer en chœur.

L'usage apprendra toutes ces choses sans la moindre difficulté. Chaque livre de chant a d'ailleurs une préface, ou au moins un avis, qui explique le système adopté par l'éditeur. Il faut toujours en prendre connaissance avec soin.

CHAPITRE II.

DE LA LECTURE ET DU CHANT DE LA NOTATION.

1. Quand on connaît bien tous les signes de la notation du Plain-Chant, on doit d'abord s'exercer, pendant quelque temps et *sans chanter,* à nommer par leurs noms tous les éléments notationnels d'un grand nombre de morceaux pris au hasard.

C'est en cela que consiste *la lecture du Plain-Chant.*

2. Puis, sous la direction d'un maître, on passera à l'exécution, c'est-à-dire, au *chant* des morceaux qu'on aura lus.

3. La pratique du *chant* s'acquerra promptement, si l'on s'attache 1° à former, avec autant de justesse que possible et sans autre préoccupation, les *intonations* de chaque note nommée en chantant; 2° à faire ensuite la même opération, mais sans nommer les notes, et en articulant seulement une voyelle; 3° à ajouter au précédent exercice l'observation des valeurs temporaires des notes et des silences; et 4° enfin, à terminer toutes ces études

préparatoires, en appliquant le texte latin aux notes du chant, comme si on l'exécutait à l'Église.

PREMIÈRE ÉTUDE.

Nommer simplement tous les signes de la notation.

* Ces deux exemples sont évidemment inchantables et ne doivent pas être chantés ; mais l'élève, au moindre signal, doit pouvoir dire sans hésiter : « Ceci est une clef de *fa*, — ceci, une clef d'*ut* sur telle ligne ou une clef de *sol*; cette note est un *ré*, ou un *sol*, ou un *si*, etc., etc. ; elle est *longue*, *commune* ou *brève*; ici, les figures des notes sont *isolées*, — là, elles sont *liées* entre elles ; voici un *bémol*, un *bécarre* ou un *dièse* affectant telle ou telle note ; cet autre signe est un *guidon*, — cet autre, une *barre* de conclusion ou de silence, etc., etc. » Tous les principes développés dans le premier chapitre de cette Méthode doivent être rappelés ici par l'élève.

DEUXIÈME ÉTUDE.

Chanter les notes en les nommant.

Il est très-avantageux, sinon nécessaire, d'avoir une suite de petits exercices bien gradués, contenant les principales suites de sons ou intervalles usités dans le chant de l'Église.

EXERCICE SUR LES UNISSONS.

* L'*Unisson* n'est point un intervalle : il consiste en ce qu'un son étant donné, on le répète une ou plusieurs fois de suite.

EXERCICES SUR LES SECONDES.

* On appelle *Seconde* l'intervalle de deux notes immédiatement voisines l'une de l'autre dans la série d'*ut*, *ré*, *mi*, *fa*, *sol*, *la*, *si*, *ut*. Si, d'après ce qui a été dit au nº 14 du chapitre I, il y a un ton entre ces deux notes, la seconde est *majeure* ; s'il n'y a qu'un demi-ton, elle est *mineure*. Deux notes portant le même nom peuvent former une seconde mineure, lorsque l'une des deux est modifiée par un bémol, un bécarre ou un dièse; mais ceci est particulier à la musique et non au plain-chant.

EXERCICES SUR LES TIERCES.

* On appelle *Tierce* l'intervalle de deux notes éloignées l'une de l'autre de deux tons ou d'un ton et demi dans la série d'*ut, ré, mi, fa, sol, la, si, ut*. Si la distance est de deux tons, la tierce est *majeure*; si elle est d'un ton et demi, la tierce est *mineure*. De plus la tierce peut être par *degrés conjoints* ou par *degrés disjoints*, selon que la note intermédiaire est chantée ou non chantée.

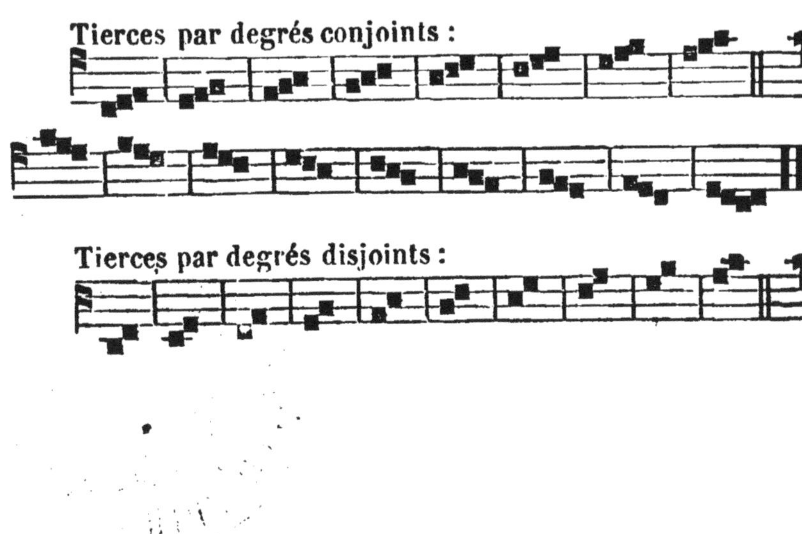

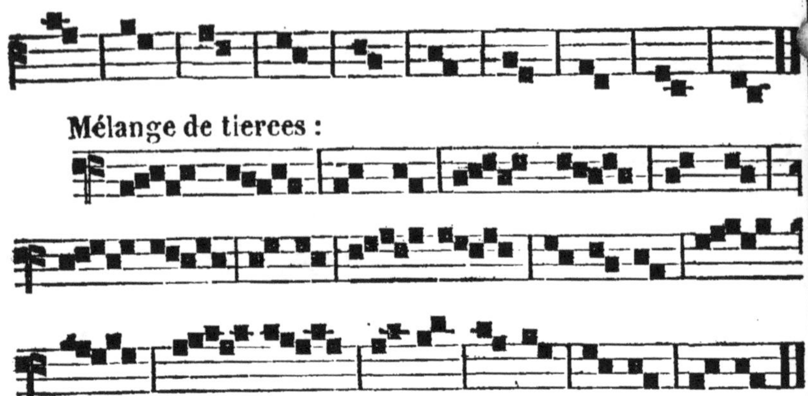

Mélange de tierces :

EXERCICES SUR LES QUARTES.

* La *Quarte*, par degrés conjoints ou disjoints, doit, dans le *Plain-Chant*, toujours former un intervalle de deux tons et demi.

EXERCICES SUR LES QUINTES.

* La *Quinte* est un intervalle de trois tons et demi.

EXERCICES SUR LES SIXTES.

* Dans le Plain-Chant, la *Sixte* est très-rarement usitée, et lorsqu'elle l'est, c est d'ordinaire par degrés conjoints, ou par l'intermédiaire d'un autre intervalle.

La sixte *majeure* est composée de quatre tons et demi; la sixte *mineure*, de trois tons et deux demi-tons.

EXERCICES SUR LES OCTAVES.

* On nomme *Octave* un intervalle qui renferme cinq tons et deux demi-tons, comme, par exemples, d'*ut* à *ut*, de *ré* à *ré*, de *mi* à *mi*, de *fa* à *fa*, de *sol* à *sol*, etc.

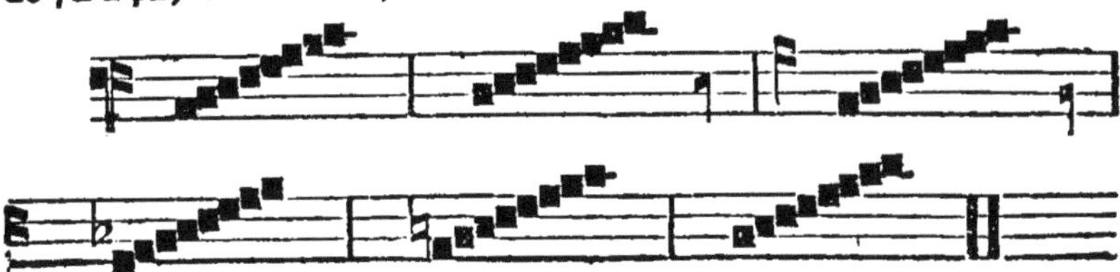

TROISIÈME ÉTUDE.

Chanter les notes sans les nommer ni les mesurer, en faisant seulement entendre le son d'une voyelle.

*L'exercice précédent constitue la *solmisation* (action de *solfier*); celui qui fait l'objet de cette étude, se nomme *vocalisation* (action de *vocaliser*).

La voyelle la plus favorable à la voix est la syllabe *a*.

EXEMPLE DE VOCALISATION.

QUATRIÈME ÉTUDE.

Vocaliser en observant la mesure qui convient au Plain-Chant, soit pour les notes, soit pour les silences.

* Il suffit, pour cela, de se bien rappeler ce qui a été dit au Chapitre 1er, nos 9, 28, 29 et 30.

* Le signe ‿ placé au-dessous de quelques voyelles, dans cet exemple, indique qu'il faut les chanter en les unissant entre elles par la prononciation, comme le marque la notation.

CINQUIÈME ÉTUDE.

Chanter comme on le fait à l'Église.

* Quand on sait vocaliser les deux exemples de l'Étude précédente, en observant les valeurs de notes et de silences, il est on ne peut plus facile de les chanter en y ajoutant les paroles latines qui leur conviennent.

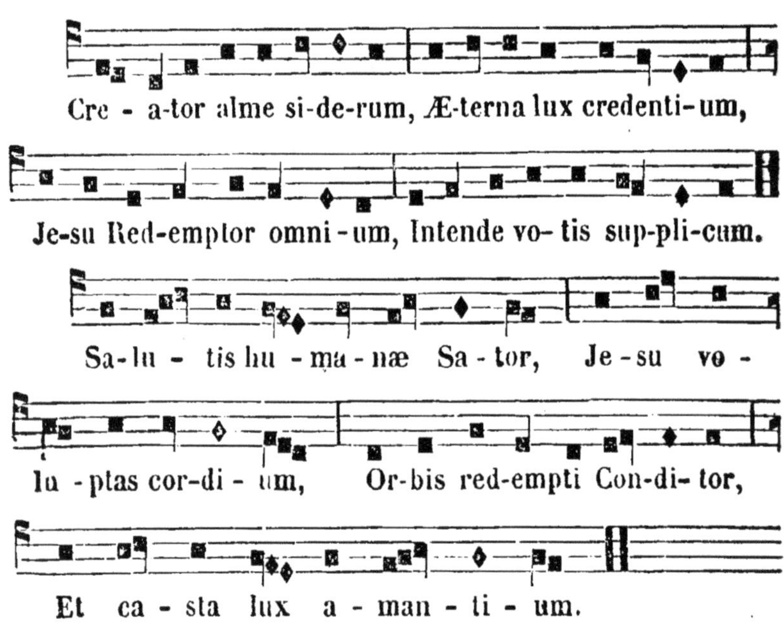

Conclusion.

En terminant ce chapitre important, nous croyons qu'il est nécessaire de donner quelques sages conseils aux élèves, pour l'émission de la voix et la prononciation des paroles dans le chant.

Dans une église, l'émission de la voix doit se faire d'une manière puissante et soutenue. La bouche doit être bien ouverte, comme le dit M. Fétis, mais sans grimacer, ni changer sa position naturelle, et le chantre doit s'attacher à donner tout ce qu'il a de volume de son, mais sans forcer la voix, qui deviendrait fausse et ne résisterait pas à des efforts constants.

Le son, dit encore M. Fétis, ne doit prendre ni le caractère *guttural*, ni le *nasal*: il doit venir directement de la poitrine, et se projeter de l'arrière-bouche aux lèvres.

Il faut s'attacher aussi à bien prononcer le latin.

Quand il y a plusieurs notes sur une seule syllabe, on ne doit point les *saccuder* ni les *marteler* avec affectation : on doit plutôt les couler et les lier autant que possible.

Il est surtout convenable d'apporter un grand sentiment de dignité dans l'exécution des chants de l'Eglise. Quelque simples que soient les offices, un chrétien doit toujours être respectueux, s'il ne veut pas se rendre coupable d'un véritable sacrilége.

CHAPITRE III.

DU SYSTÈME MUSICAL DU PLAIN-CHANT.

1. Toutes les mélodies du Plain-Chant sont renfermées dans une série générale de vingt et un sons que les anciens notaient de la manière suivante dans leurs Méthodes de chant et quelquefois même dans leur transcription des morceaux de musique :

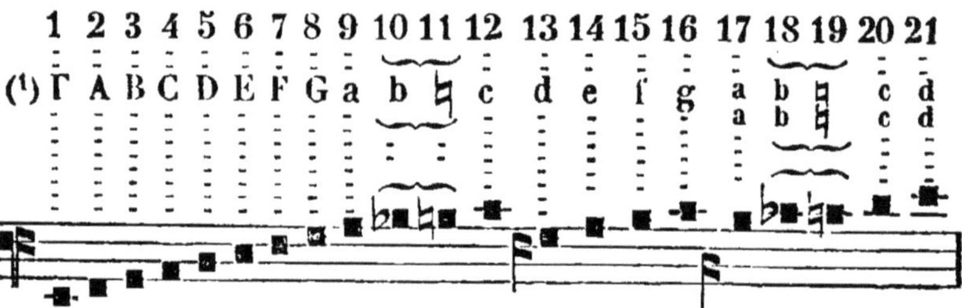

2. Comme une seule voix ne peut pas chanter toute cette série de notes, on a fractionné celle-ci en quatre séries plus petites dont la première a été appelée *Protus*,— la deuxième, *Deuterus*,— la troisième, *Tritus*, — et la quatrième, *Tetrardus*.

* Ces mots *Protus*, *Deuterus*, *Tritus* et *Tetrardus* sont des mots latins tirés du grec, et signifient *Premier*, *Deuxième*, *Troisième* et *Quatrième*.

3. Le *Protus*, ou premier fragment de l'échelle générale des sons, commençait à l'A (n° 2) et finissait au d (n° 13).

(1) Ce premier caractère est un *gamma* ou *G* de l'écriture grecque. On le distingue ainsi du G majuscule ordinaire qui se trouve un peu plus loin, sous le n° 8.

Le *Deuterus* ou deuxième fragment commençait à la lettre B (n° 3), et finissait à la lettre e (n° 14).

Le *Tritus* ou troisième fragment commençait à la lettre C (n° 4), et finissait à la lettre f (n° 15).

Le *Tetrardus* ou quatrième fragment commençait à la lettre D (n° 5), et finissait à la lettre g (n° 16).

Exemple :

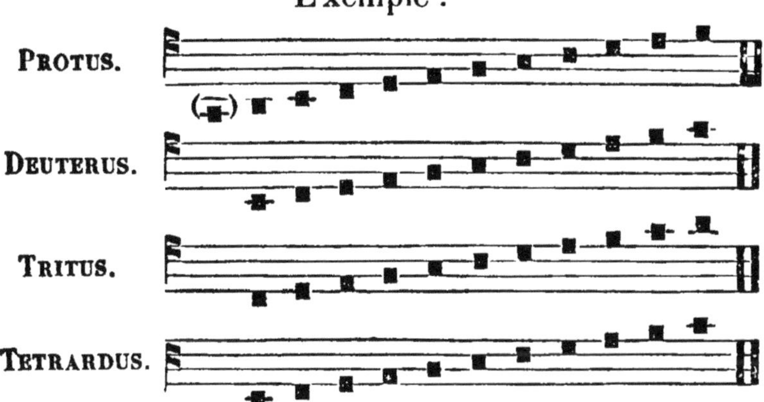

3. Si, comme on l'affirme, saint Ambroise, évêque de Milan et célèbre restaurateur du chant de cette église au IVe siècle, ne fit usage que de quatre *modes* ou *manières de diviser l'échelle générale des sons,* les mélodies réglées par le saint Docteur devaient généralement parcourir une plus grande étendue vocale que celles de S. Grégoire (1). On

(1) Tout ceci est diamétralement opposé à l'opinion qu'avancent MM. Louis Niedermeyer et Joseph d'Ortigue, dans leur *Traité théorique et pratique de l'accompagnement du Plain-Chant.* Paris, E. Repos, 1857, grand in-8°, pages 16 et 17.

peut se former une idée de l'étendue de la mélopée ambrosienne par le chant du *Salve Regina,* dont la composition n'est pas d'une date fort antique, mais qui représente assez bien un exemple du fait ici avancé.

5. A l'époque de S. Grégoire (dernières années du VIe siècle), l'échelle générale des sons resta divisée en quatre fragments, comme on vient de le voir; mais chaque fragment se subdivisa, à son tour, en deux *modes* ou *manières :* ce qui fait qu'au lieu de *quatre* modes, il y en eut *huit.*

6. Voici comment eut lieu cette subdivision du *Protus,* du *Deuterus,* du *Tritus* et du *Tetrardus.*

Les quatre modes de S. Ambroise avaient pour *finales* ou *terminaisons* les notes D, E, F, G, c'est-à-dire :

S. Grégoire établit, sur chacune de ces *finales* ou *terminaisons,* deux espèces de séries de sons : l'une commençant sur la finale elle-même et s'élevant à une octave au-dessus; l'autre pouvant descendre une quarte plus bas, mais monter seulement une quinte plus haut. Exemples :

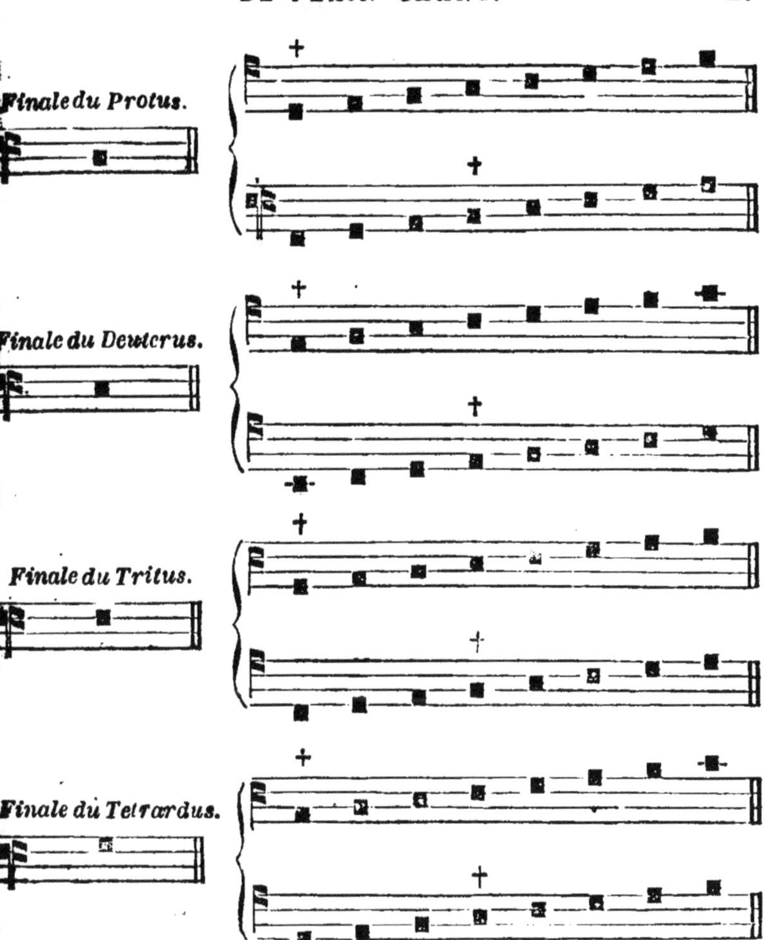

7. Voilà donc *huit modes* dont le parcours et l'étendue mélodiques sont bien déterminés. Les morceaux de chant des deux premiers doivent finir sur la note *ré ;* ceux des 3e et 4e, sur la note *mi ;* ceux des 5e et 6e, sur la note *fa;* ceux enfin des

7e et 8e, sur la note *sol.* On peut consulter au sard un *Graduel* et un *Vespéral* dans lesquels modes sont indiqués par un chiffre en tête de c que morceau, et l'on verra, qu'à l'exception des t des psaumes dont on parlera plus loin, *il en est t jours ainsi.* On voit par là qu'au besoin on peut passer de l'indication du mode dans les livres, p que si la dernière note d'une pièce de chant est cette pièce est du 1er ou du 2e mode ; si c'est elle est du 3e ou du 4e ; si c'est *fa,* elle est du ou du 6e; si c'est *sol,* elle est du 7e ou du 8e.

8. Mais comment discerner alors s'il s'agit p tôt du 1er que du 2e, du 3e que du 4e, du 5e que 6e, du 7e que du 8e mode ?

Le voici.

Dans toute mélodie liturgique, outre la note fina il y en a ordinairement une autre qui est com la reine et la maîtresse des autres notes du mo ceau : c'est sur elle que le chant a davantage s cours, son retour et son soutien ; c'est elle q fréquemment rebattue, sert de pivot, avec la final aux formes de la mélodie de chaque mode ; et, même que la circonstance de la position a méri le nom de *finale* à la dernière note d'un morceau le même la fréquence de la répétition a valu celui de *dominante* à l'autre note dont il est ici question, parce qu'elle semble, en effet, *dominer* toutes les autres.

Cette dominante est *la* pour le 1er mode, *fa* pour le 2e, *ut* pour le 3e, *la* pour le 4e, *ut* pour le 5e, *la* pour la 6e, *ré* pour le 7e, et *ut* pour le 8e, — de cette manière :

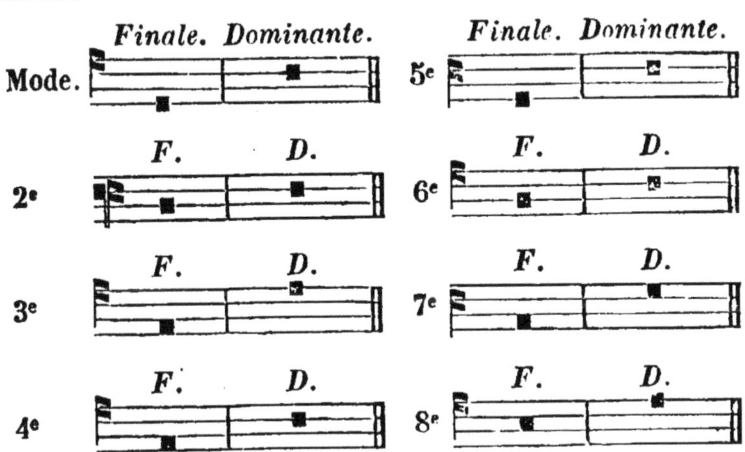

D'après ce qui précède, il faudra donc s'assurer quelle est la dominante d'un morceau qui a *ré* pour note ou corde finale ? Si la dominante est *la*, ce sera le 1er mode ; si c'est *fa*, ce sera le 2e mode.

On fera la même opération pour le discernement des autres modes, conformément au tableau qui vient d'être donné.

9. Mais ce moyen ne suffit pas toujours. Parfo une mélodie n'est pas assez développée pour dess ner franchement la note dominante, etc.; mai dans une méthode du genre de celle-ci, il serait fo difficile d'entrer dans de plus grands détails qui, n cessairement, ne feraient qu'embrouiller les élèves Les livres tels que le *Graduel*, l'*Antiphonaire* ou *Vespéral*, indiquant toujours les modes, une théori complète devient moins nécessaire aux personne qui ne désirent avoir qu'une notion générale e suffisante du Plain-Chant.

10. Les modes se divisent en *authentiques* et *pla gaux*, en *pairs* et *impairs*, en *parfaits*, *mixtes* *imparfaits* et *superflus*, etc.

11. Les modes *authentiques* ou *authentes* sont ceux qui s'élèvent d'une octave au-dessus de leurs finales. Les 1er, 3e, 5e et 7e modes sont donc authentiques, et cette épithète leur vient de ce qu'ils ont été inventés les premiers et qu'ils ont été en usage avant les autres. C'est pourquoi on les nomme aussi *principaux*, *maîtres*, *supérieurs*.

Les modes *plagaux* sont ceux qui ont été formés des précédents par une sorte de coupure, de *plaie*, de retranchement. Tels sont les 2e, 4e, 6e et 8e.

n les appelle encore, pour la même raison, *col-léraux, inférieurs, subjugaux* ou *dérivés*.

12. Les modes *authentiques* reçoivent quelquefois qualification de modes *impairs*, à cause de la posi-on 1—3—5—7 qu'ils occupent; et les *plagaux*, ui sont les modes 2—4—6—8, sont appelés *irs* ou *compairs* relativement aux précédents.

13. Les modes *parfaits* ou *complets* sont ceux qui ont renfermés dans l'étendue de leur octave. — es *mixtes*, autrement nommés *connexes*, excèdent ur octave de telle sorte qu'ils mélangent le premier vec le second mode, le troisième avec le quatrième, cinquième avec le sixième, le septième avec le uitième (1). — Les modes *imparfaits*, nommés ussi *incomplets* et *diminués*, sont ceux dont le chant e parcourt pas l'*ambitus* de leur octave. — Les nodes *superflus* excèdent leur octave d'un ton ou 'une tierce en haut, s'ils sont authentiques, et d'un on ou d'une tierce en bas, s'ils sont plagaux.

14. Certains auteurs soutiennent qu'il y a plus le huit modes, et en portent le nombre à *qua-orze*, par la raison que chacune des sept notes D,

(1) Un auteur fait une remarque qui paraît fondée : suivant lui, la nixtion d'un authentique avec son plagal, et *vice versa*, n'existe pas *rigoureusement*, parce que ces deux tons ou modes ne sont pas essen-tiellement différents. (*Frezza dalle Grotte.*)

E, F, G, a, b, c, peut donner lieu à un mode authente et à un mode plagal. D'après ce système, on ajoutera donc aux huit modes expliqués plus haut les six suivants :

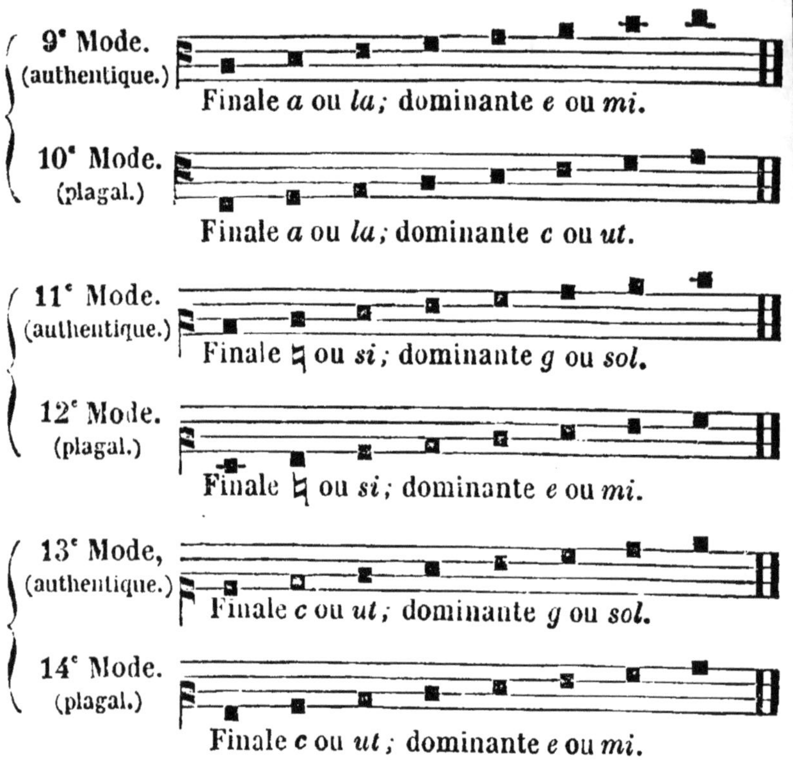

15. Si l'on examine attentivement ces six modes, on verra qu'ils peuvent se rapporter facilement aux huit premiers.

En effet, qu'est-ce qui distingue les modes les

uns des autres? c'est surtout la position respective de leurs finales, de leurs dominantes, des tons et demi-tons qui entrent dans le parcours de chaque finale à chaque dominante.

D'après cette règle, qui est infaillible, le 9e mode est parfaitement semblable au premier, puisque, de part et d'autre, la dominante y est à une quinte au-dessus de la finale, et que l'unique demi-ton de cet intervalle de quinte y occupe la même place :

1er MODE : *ré, mi, fa, sol, la.*
9e MODE : *la, si, ut, ré, mi.*

Pareillement, pour les 2e et 10e modes. Leur dominante est à une tierce au-dessus de leur finale, et le demi-ton s'y trouve placé de la même manière :

2e MODE : *ré, mi, fa.*
10e MODE : *la, si, ut.*

On obtient le même résultat en comparant entre eux les autres modes : le 3e avec le 11e, le 4e avec le 12e, le 5e avec le 13e, et le 6e avec le 14e. On remarque, il est vrai, une différence pour le placement du deuxième demi-ton du 11e mode, et pour celui de l'unique demi-ton du 13e; mais comme le *si* est souvent bémolisé dans le cinquième mode, il en résulte alors une identité parfaite entre ce mode et le **13**e; quant au onzième mode, il en existe excessivement peu d'exemples. On est donc en droit d'appeler le neuvième mode, *premier en* A, — le dixième, *deuxième en* A, — le onzième, *troisième en* B, — le douzième, *quatrième en* B, — le treizième, *cinquième en* C, — et le quatorzième, *sixième en* C. Entre ces modes, il n'y a de différence que le point de départ, c'est-à-dire *le nom de la finale*, et cette finale est suffisamment désignée par les lettres A, B, C qui, à la rigueur, devraient être minuscules, mais qu'on est forcé d'écrire avec des majuscules, pour ne pas confondre les *modes* du Plain-Chant avec les *tons* de la Psalmodie, comme on le verra plus loin.

16. Les 9e, 10e, 11e, 12e, 13e et 14e modes peuvent donc être considérés comme des *réductions à une quinte supérieure* des modes primitifs.

Ceux-ci se trouvent parfois réduits à une *quarte supérieure* dans certains livres anciens. Alors, le 1er et le 2e sont en G, parce que leur finale est *sol;* le 3e et le 4e sont en A, parce que leur finale est *la;* le 5e et le 6e sont en B, parce que leur finale est *si;* enfin le 7e et le 8e sont en C, parce que leur finale est établie sur la note *ut*. Le 4e mode en A est encore usité dans quelques *Graduels*, *Antiphonaires*, etc., imprimés de nos jours.

17. Les modes du chant ecclésiastique, tels qu'ils viennent d'être expliqués, offrent, selon Jean-Jacques Rousseau lui-même, « une beauté de caractère et une variété d'affections bien sensibles « aux connaisseurs non prévenus, et qui ont conservé quelque jugement d'oreille pour les systèmes « mélodieux établis sur des principes différents des « nôtres (1). »

Chaque mode, en effet, sert à exprimer un sentiment spécial, parce qu'il a presque toujours pour fondement une formule caractéristique de mélodie en rapport avec certaines affections de l'âme. Il en était ainsi dans l'ancienne musique des Grecs. « Nous « ne croyons pas, dit un écrivain de l'époque actuelle, que le musicien qui fut banni de Sparte « pour avoir ajouté une corde à la lyre, ait été puni « précisément pour le fait de cette addition ; ce n'était pas même exactement dans une vue d'opposition au progrès, c'était surtout pour la conservation de ce qui existait : les magistrats sentaient « fort bien qu'en laissant de nouvelles voies s'ouvrir, l'amour de la nouveauté amènerait bientôt

(1) *Dictionnaire de Musique*, article *Plain-Chant*.

« l'oubli et le mépris des vieux monuments de l'art, « et que par conséquent plusieurs manières de sentir « pourraient se perdre avec les airs qui exprimaient « certains sentiments et offraient de précieux sou- « venirs historiques aux générations futures. »

On peut consulter le *Graduel* ou le *Vespéral*, et l'on y découvrira que chaque mode, quoi qu'on puisse dire, produit une impression musicale qui lui est propre. Ainsi, le premier est d'une gravité pompeuse et mâle ; il convient aux paroles joyeuses. Le second est triste, plaintif même. Le troisième exprime les sentiments impétueux et énergiques. Le quatrième est généralement doux, caressant, timide, suppliant et plein de larmes affectueuses. Le cinquième est presque toujours rempli de force et d'animation. Le sixième est aimable, tendre et imprégné de douceur. Le septième est altier, impératif. Le huitième, enfin, respire le calme et la quiétude. — On peut opposer des exceptions à ces différents caractères, mais il serait impossible d'aller au-delà.

18. Avant de terminer ce chapitre, disons qu'il est un point essentiel qui ne doit pas être oublié : c'est le ton réel auquel il faut soumettre l'intonation de la première note de chaque mode ecclésiastique.

Comme un seul genre de voix ne saurait exécuter le Plain-Chant tel qu'il est écrit, on est donc forcé de le transposer pour que chaque morceau reste dans le *médium* vocal des personnes qui sont au lutrin.

On choisit d'abord avec soin ce *médium*, ce milieu de la voix des chantres.

Supposons que le *médium* choisi soit *la* ( ).

On mettra toutes les *dominantes* des morceaux de Plain-Chant à l'unisson de cette note.

Ainsi, dans cette hypothèse, la dominante du premier mode, qui est *la*, restera ce qu'elle est.

La dominante du 2e est *fa* naturel; ce *fa* sera élevé à l'unisson de la note *la*.

La dominante du 3e est *ut* naturel; cet *ut* sera également chanté sur le ton de *la*, etc., etc. (1).

Cette opération est facile pour les voix; mais il n'en est pas de même si elle doit être faite par l'orgue. Cependant, des artistes impartiaux et fort habiles nous affirment, qu'avec l'Orgue-transpositeur-Nisard (2), la transposition du Plain-Chant, sur le clavier, devient la chose la plus simple qu'on puisse imaginer.

(1) Voir *Les vrais Principes du Chant grégorien*, par M. l'abbé Janssen, Malines, 1845, pages 178-181, et le *Paroissien noté à l'usage de Lyon*, Lyon, 1855, pages XXXIV-XL.

(2) Paris, chez le facteur F. Baudet, rue Neuve-Popincourt, 11.

CHAPITRE IV.

DES DIVERS MORCEAUX DU PLAIN-CHANT, DE LEUR USAGE DANS LES OFFICES DE L'ÉGLISE, ET DE LA PSALMODIE.

1. L'Office divin se divise en deux grandes parties, savoir : 1° la *Messe,* et 2° les *Vêpres, Complies, Salut, Matines, Laudes, Prime, Tierce, Sexte* et *None.*

2. Tout le chant de la *Messe* est renfermé dans un livre que l'on désigne sous le nom de *Graduel.*

Les principales pièces contenues dans le *Graduel,* sont les *Introïts,* le *Kyrie,* le *Gloria in excelsis*, les *Répons-graduels,* les *Versets alléluiatiques*, les *Traits,* les *Proses,* le *Credo,* les *Offertoires,* le *Sanctus,* l'*Agnus Dei* et les *Communions.*

3. Le livre appelé *Graduel* est ordinairement divisé en quatre parties, savoir : le *Propre du Temps,* le *Propre des Saints,* le *Commun des Saints* et l'*Ordinaire de la Messe.* Il est indispensable de bien étudier l'édition que l'on possède de ce livre, afin de ne pas hésiter dans les recherches qu'on doit y faire constamment. Il faut aussi ne pas oublier de lire la *Préface* ou l'*Avis* qui se trouve d'ordinaire

en tête de ce volume, parce que le chantre y recueillera souvent des instructions fort précises qu'il ignorerait sans ce secours.

On s'attachera surtout à étudier les diverses *Rubriques* (1) et les différentes manières de chanter les pièces contenues au *Graduel;* ces explications sont en français dans les éditions modernes, et il suffit d'un peu d'attention et de mémoire pour s'en rendre compte et en retenir le contenu.

Cependant, nos éditions de *Graduel* ne fournissent pas tous les renseignements nécessaires aux chantres. Toutes ne donnent pas le chant des réponses des *Collectes*, de l'*Évangile*, de la *Préface*, du *Pater noster*, du *Pax Domini* et de la *Post-Communion.*

Il est donc convenable de fixer ici l'attention des lecteurs sur ces points intéressants d'une pratique journalière.

RÉPONSES DES COLLECTES ET DE LA POST-COMMUNION.

Formule romaine.

(1) Les *Rubriques*, ainsi nommées, parce qu'autrefois on les écrivait toujours en encre *rouge*, sont les règles suivant lesquelles l'Office divin doit se célébrer.

En Belgique, dans beaucoup de localités, o chante de cette manière qu'il faut bien se garde d'imiter (1) :

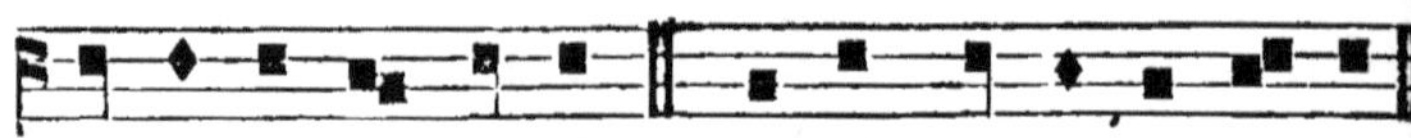

Do-mi-nus vo - biscum. ℟. Et cum spi- ri - tu tu - o.

O - re - mus....... ℟. A - men. *Ou bien:* A - men.

RÉPONSES DE L'ÉVANGILE.

Formule romaine.

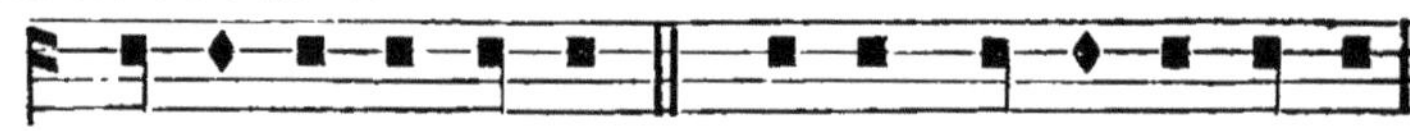

Do-mi-nus vo-biscum. ℟. Et cum spi-ri - tu tu - o.

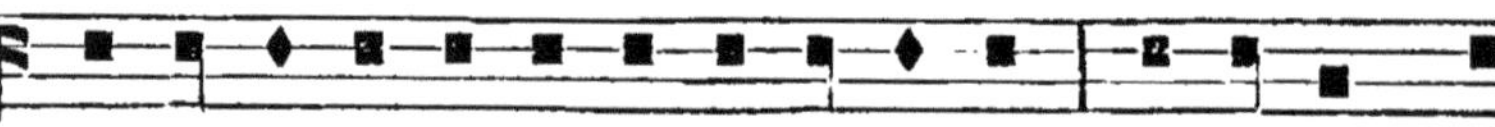

Se-quenti - a sancti Ev- ange -li - i se-cundum Mat-

thæ - um. ℟. Glo - ri - a ti - bi, Do - mi - ne.

Dans certains diocèses de France où l'on suit l Romain, on chante (2) :

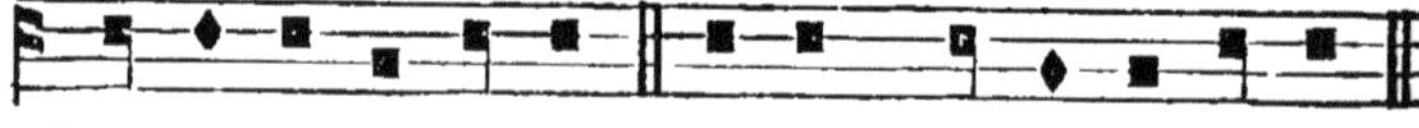

Do-mi-nus vo-bis-cum. ℟. Et cum spi - ri - tu tu - o.

(1) *Les vrais Principes du Chant grégorien*, par l'abbé Janssen, pages 133-134.

(2) *Méthode de Plain-Chant purement Romain.* Angoulême, 1845, page 47.

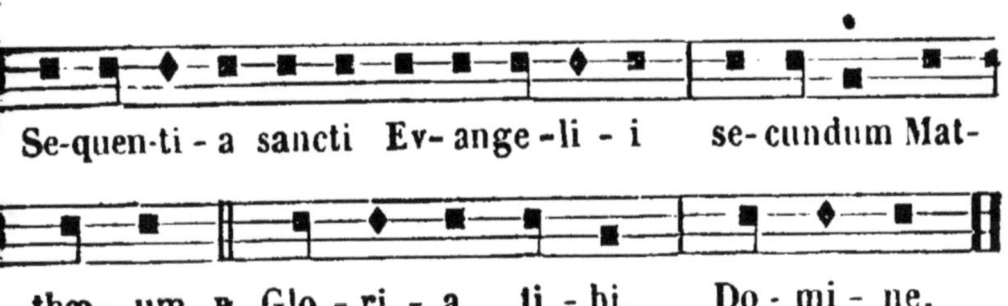

Ces mêmes réponses se chantent de la manière suivante dans la liturgie parisienne :

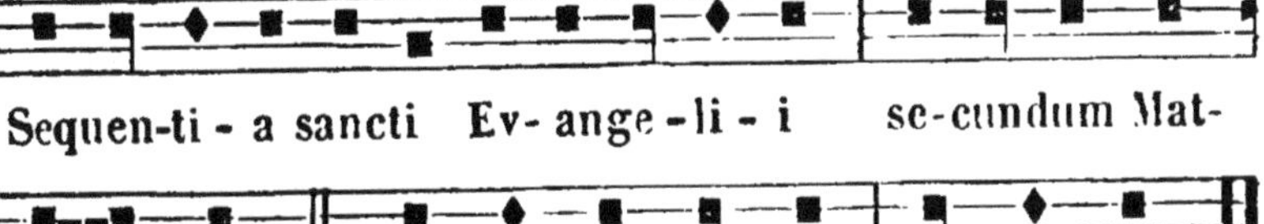

RÉPONSES DE LA PRÉFACE.

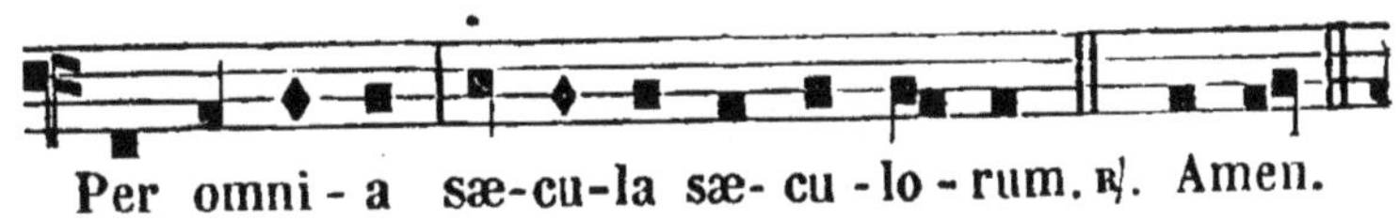

(1) *Traité historique et pratique sur le Chant Ecclésiastique*, par l'abbé Lebeuf. Paris, 1741, page 288.

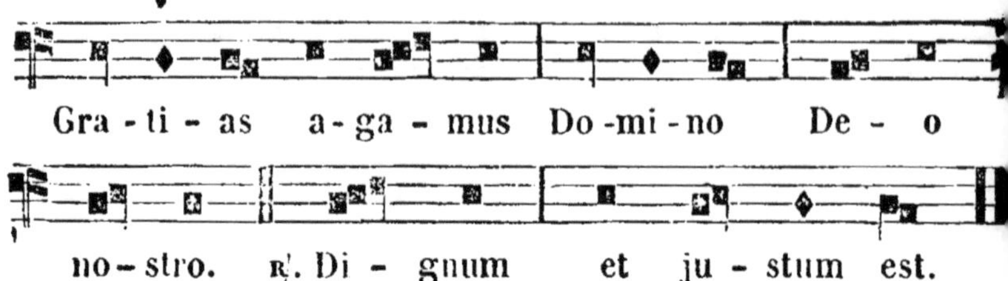

Aux fêtes simples, aux féries, aux messes votives, aux messes des morts, et à la bénédiction des Rameaux, du Cierge pascal et des Fonts, on chante les mêmes réponses de la manière suivante :

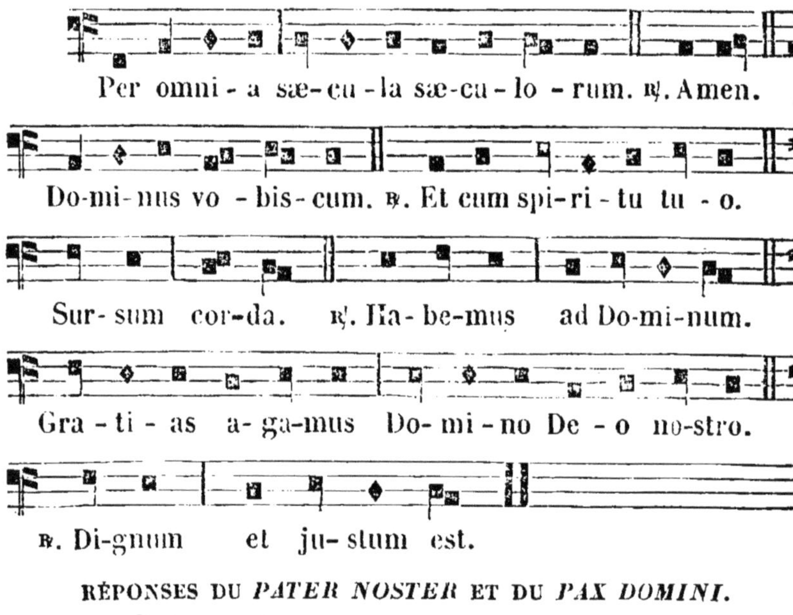

RÉPONSES DU *PATER NOSTER* ET DU *PAX DOMINI*.

Pater noster :

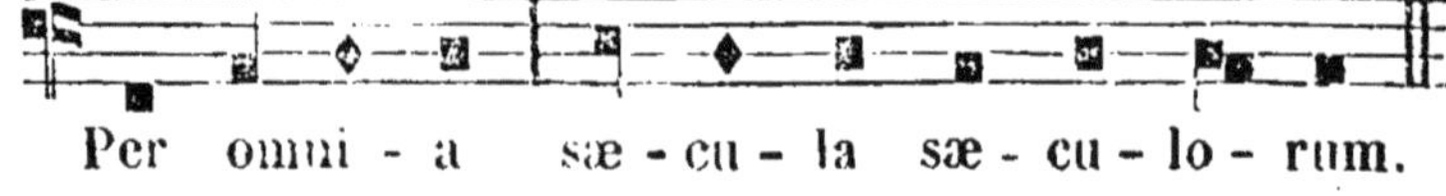

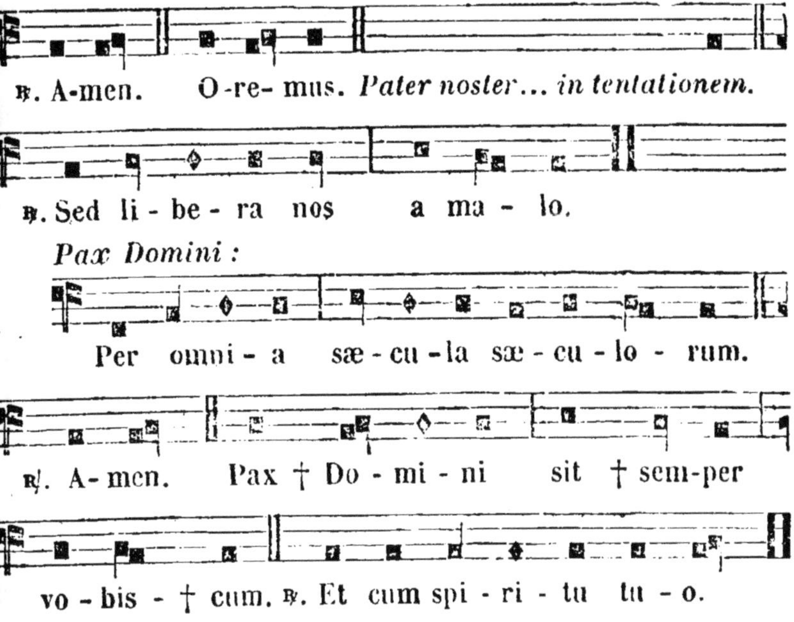

*Le chant de toutes ces réponses doit s'apprendre par cœur.

4. Les morceaux liturgiques qui composent l'office du matin, du soir et de la nuit sont contenus dans l'*Antiphonaire.*

L'*Antiphonaire* est plénier ou abrégé.

L'*Antiphonaire plénier* renferme toutes les parties chantées des *matines*, *laudes*, *prime*, *tierce*, *sexte*, *none*, *vêpres* et *complies.*

L'*Antiphonaire abrégé* n'offre généralement que les vêpres des dimanches et fêtes de toute l'année, les matines et laudes de Noël et de la Semaine Sainte, l'office des morts et différents chants pour les saluts. On lui donne souvent, en conséquence*, le titre de *Vespéral.*

L'*Antiphonaire plénier* et le *Vespéral* se divisent aussi en quatre parties, dans le sens du *Graduel.*

5. Ce qui a été dit de la connaissance que l'on doit posséder des différentes parties du Graduel, s'applique également à l'Antiphonaire et au Vespéral.

Cette étude apprendra mieux qu'on ne pourrait le faire ici, ce qu'il faut entendre par *invitatoire, hymne, antienne, psaume, leçon, répons bref, verset, capitule, mémoire, Magnificat, Benedictus,* etc.

6. La seule chose sur laquelle nous insisterons, c'est la Psalmodie, qui est l'un des points les plus importants et les plus populaires de toute la liturgie catholique. Sans aucun doute, les hymnes et les chants de l'ordinaire des messes sont populaires au même titre; mais ces hymnes et ces parties de la messe étant entièrement notées dans les éditions modernes, il est impossible qu'elles fassent obstacle à la piété et à la mémoire des fidèles. Il n'en est pas de même du chant des psaumes, qui exige une étude toute spéciale.

* Sans nous départir de ce qui doit être l'objet d'une *Méthode* du genre de celle-ci, nous terminerons donc notre volume par un appendice sur la *Psalmodie.*

BIBLIOTHÈQUE

DE L'AMATEUR

DU CHANT LITURGIQUE

PETIT TRAITÉ

DE PSALMODIE

APPROBATIONS.

ÉVÊCHÉ DE GAP.

Monsieur Repos,

J'ai reçu les deux petits volumes que vous avez bien voulu m'envoyer : l'**A B C du Plain-Chant** et la **Méthode populaire du Plain-Chant romain et petit Traité de Psalmodie.** Ces deux ouvrages me paraissent très-bons, très-méthodiques et très-propres à propager la science du plain-chant.

Je vais les proposer à mes curés et les introduire dans mes séminaires.

Il serait à désirer qu'ils fussent entre les mains des élèves des écoles normales, des instituteurs et surtout des élèves des frères des Écoles chrétiennes.

Je fais des vœux pour que vos grandes entreprises soient couronnées d'un plein succès. Vos belles éditions de chant liturgique méritent l'attention de tous ceux qui s'occupent de ressusciter en France le véritable chant de l'Église et de plus elles auront l'avantage de mettre l'**unité** dans cette partie essentielle de la liturgie romaine.

Gap, 28 septembre 1857.

IRÉNÉE, Évêque de Gap.

ÉVÊCHÉ DE MONTPELLIER.

Monsieur Repos,

Un ecclésiastique tout à fait compétent, auquel j'ai soumis l'**ABC du Plain-Chant** et la **Méthode suivie du Traité de Psalmodie**, dont vous êtes éditeur, venant de m'assurer après une étude réfléchie, qu'il ne se pouvait trouver **rien de plus consciencieux, de plus exact, de plus court et de plus véritablement élémentaire que ces petits ouvrages.** C'est très-volontiers que je les adopte et que je leur donne, pour mon diocèse, toute mon approbation.

Montpellier, le 1er octobre 1857.

CHARLES, Évêque de Montpellier.

ARCHEVÊCHÉ D'AIX.

Monsieur Repos,

L'étude du Plain-Chant est malheureusement beaucoup trop négligée, vous rendez donc un vrai service à l'Église en publiant les **Traités élémentaires** qui contribueront à former de bons chantres pour nos paroisses.

Je verrais avec satisfaction se répandre dans mon Diocèse ces publications à bon marché que j'adopte de grand cœur.

Aix, le 10 octobre 1857.

GEORGES, Archevêque d'Aix.

ÉVÊCHÉ DE DIGNE.

Mon cher Monsieur Repos,

J'ai lu avec attention l'**ABC du Plain-Chant** et la **Méthode populaire du Plain-Chant romain** que vous venez d'éditer à Paris. Ces deux opuscules, aussi utiles pour le fond que soignés pour la forme, sont très-propres à propager la connaissance du chant ecclésiastique ; c'est avec un nouveau plaisir que je les adopte et les approuve pour mon diocèse.

Digne, le 12 octobre 1857.

M. JULIEN, Évêque de Digne.

PETIT TRAITÉ

DE

PSALMODIE

A L'USAGE

DE TOUS LES DIOCÈSES

APPROUVÉ PAR L'AUTORITÉ ECCLÉSIASTIQUE

ET

PUBLIÉ PAR E. REPOS

« S'il est une institution qui se recommande à
« l'attention, au respect de tous les hommes re-
« ligieux, c'est incontestablement la Psalmodie,
« consacrée par l'usage de tant de siècles, comme
« une des formes les plus simples et les plus
« imposantes de la prière commune. »

L'abbé Petit, *Dissert. sur la Psalmodie.*

DEUXIÈME ÉDITION

PARIS

E. REPOS, LIBRAIRE ÉDITEUR

de Livres liturgiques et de Chant romain

8, RUE CASSETTE, PRÈS L'ÉGLISE SAINT-SULPICE

1857

TABLE DES MATIÈRES.

TRAITÉ POPULAIRE
DE
PSALMODIE.

1. La Psalmodie est le chant des psaumes ou des cantiques de l'ancien et du nouveau Testament.

2. La Psalmodie est *directanée* ou *composée :* directanée, elle s'exécute sur une seule note *(recto tono)* depuis le commencement jusqu'à la fin de chaque verset; composée, elle est ornée de quelques inflexions ou modulations de voix dont il sera parlé bientôt.

3. La Psalmodie directanée se distingue de la simple récitation des psaumes par ses pauses plus marquées, par son intonation plus soutenue et le majestueux ensemble de toutes les voix qu'elle fait mouvoir à l'unisson.

4. La Psalmodie directanée, à part la fixité d'un unisson choisi et conservé fidèlement, n'a d'autres règles que la bonne prononciation des mots et l'observation des repos indiqués par le texte.

5. La bonne prononciation du latin réside surtout dans l'émission des syllabes, suivant que celles-ci doivent être *appuyées* ou *fortes*, *ordinaires* ou *moyennes*, *faibles* ou *coulées rapidement.*

6. Cette émission vocale ne se mesure pas rigoureusement : c'est l'usage seul et le sentiment qui en déterminent les modifications relatives, non d'après les règles de la prosodie latine, mais d'après l'*accent tonique,* élément principal et naturel de la prononciation commune chez les Anciens, élément populaire qui fait ressortir l'idée dominante de chaque mot, en appelant la voix avec énergie sur la syllabe qu'il affecte.

7. L'*accentuation,* ou théorie du placement légitime de l'accent tonique, est peu compliquée; mais, si simple qu'elle soit, il est impossible de la faire complétement connaître aux personnes étrangères à la langue latine. On ne peut leur en donner que des notions générales et sommaires. Les lecteurs qui voudraient approfondir ce sujet important, devront donc recourir au *Traité complet d'Accentuation latine et de Psalmodie,* qui fait partie de la *Bibliothèque de l'amateur du Chant Liturgique.*

8. L'accent dont il s'agit, se marque par un signe qui n'est autre que l'*accent aigu,* placé sur l'une des syllabes de tout mot qui en a au moins trois. Exemple :

Dispósui testaméntum eléctis meis, jurávi David servo meo : * usque in ætérnum præparábo eléctis meis semen tuum.

Confitebúntur cœli mirabília tua Dómine : * étenim veritátem tuam in Ecclésia sanctórum.

9. Toutes les éditions liturgiques n'indiquent pas cet accent. D'autres l'omettent dans les mots de plusieurs syllabes, dont l'*avant-dernière* est une diphthongue ou une voyelle suivie soit d'un *x*, soit de deux consonnes (*adhæret, stillantem, respexit*). Cette pénultième doit être accentuée; mais si elle se termine par une voyelle, et que la précédente offre une voyelle capitale, un *æ*, un *œ* ou un *y* (*Angelus, cyprius, prævia, cœlites*), c'est cette précédente qui porte alors l'accent tonique.

10. Les mots *monosyllabiques* (1) et *dissyllabiques* (2) ne portent jamais, dans les livres, la marque de l'accent. Cette marque est inutile.

11. Toute syllabe qui doit être accentuée, est *forte*, c'est-à-dire, qu'il faut la prononcer avec plus d'insistance que les autres.

Une syllabe est *faible*, notamment dans les circonstances suivantes : 1° lorsqu'elle est la pénultième (l'*avant-dernière*) d'un mot dont l'antépénultième (3) est accentuée : *Dó-(mĭ)-nus, in-vo-ca-vé-(rĭ)-mus, ta-ber-ná-(cŭ)-la, ten-tá-(tĭ)-o*, etc., (les syllabes imprimées ici entre deux parenthèses doivent être prononcées plus brièvement que celles

(1) D'une syllabe.
(2) De deux syllabes.
(3) Celle qui précède immédiatement l'avant-dernière.

qui n'ont aucun accent). 2° Est également *faible*, la dernière syllabe d'un mot suivi d'un monosyllabe auquel il se lie par le sens grammatical, pourvu qu'elle soit brève de sa nature, ou bien qu'elle soit terminée par un *m* formant élision avec le monosyllabe, comme *bó-(n̆um) est*, *plé-(n̆a) est*, *tú-(ă) est*, *apér-(t̆um) est*, *confortá-(t̆a) est*, *apér-(t̆a) sit*, *fá-(ct̆a) sunt*, etc. 3° La plupart des auteurs regardent même comme *faible* toute dernière syllabe d'un mot suivi d'une diction monosyllabique qui forme corps avec lui, et ne s'inquiètent nullement si cette dernière syllabe est brève ou non. D'autres n'admettent cette théorie que pour les *intonations*, les *médiations* et les *terminaisons* de chaque verset des psaumes ou des cantiques. Exemples : *commó-(tĭ) sunt*, *mó-(tĭ) sunt*, *mé-(ĭ) sunt*, *fá-(ct̆i) sunt*, *vivificá-(st̆i) me*, *sú-(p̆er) me*, *fé-(c̆it) nos*, etc.

Les syllabes *communes* ou *moyennes* sont celles qui ne sont ni *accentuées* ni *faibles*.

12. Il n'y a jamais plus d'une syllabe *forte* ni plus d'une syllabe *faible*, dans un mot ; mais il peut y avoir plusieurs syllabes *communes*, et lorsqu'il en est ainsi (ce qui arrive souvent), il est possible qu'elles aient en apparence, les unes par rapport aux autres, une certaine relation de force

et de faiblesse ; mais cette apparence ne doit pas être tellement sensible, qu'elle fasse confondre les syllabes *communes* avec celles qui sont réellement *fortes* ou *faibles.*

13. Maintenant que l'on connaît la nature des syllabes qui entrent dans le texte liturgique, on comprendra plus facilement le rôle de l'accent, et les règles que nous allons donner sur son placement légitime dans chaque mot.

14. D'abord, tout monosyllabe *substantif, pronom personnel* ou *verbe* doit être prononcé avec l'accent tonique. Exemples : *Réx, flós, méns, géns, stírps, tú, té, sé, mé, nós, vós, súm, és, ést, súnt, sím, sís, sínt,* etc.

15. Tout monosyllabe *adjectif, conjonctif* et *déterminatif* (*qui, quæ, quod, quis,* etc.) est privé d'accent, lorsqu'il ne marque qu'une simple relation : (*quĭ*) *pássus est.* Il s'accentue quand il est interrogatif.

* Cette règle s'observe, même lorsque l'adjectif dont il est ici question, a plus d'une syllabe.

16. Tout monosyllabe *préposition* (*e, ex, in, ob, per, pro, sub,* etc.) ne prend jamais l'accent, lorsqu'il est placé *avant* son régime. Exemples : (*ăd*) *té,*

(*in*) *ætérnum*, (*pĕr*) *mé*, (*in*) *té*. Il en serait autrement, si la préposition était placée après son régime.

* Ceci s'applique aussi à toutes les prépositions simples qui ont plus d'une syllabe, comme: *propter*, *sine*, *extra*, *supra*, *contra*, *ante*, *super*, etc.

17. Tout monosyllabe *adverbe* (*jam*, *mox*, *clam*, *cras*, *nunc*, *non*, etc.) ou *conjonction* (*et*, *ac*, *sed*, *si*, *sic*, etc.) prend ou ne prend pas l'accent tonique, selon qu'il est placé ou non tout au commencement d'une phrase ou d'un membre de phrase. Ainsi, par exemple, on prononcera : (*supra*) *nós*, *nós súpra*, (*cras*) *véniet*, *véniet crás*, (*jam*) *vénit*, *vénit jám*. Pareillement on dira : « Glória Pátri, *et* « Fílio, *et* Spirítui sáncto : *sicut* érat *in* princípio, « *et* núnc, *et* sémper, *et in* sǽcula sæculórum. « Amén. »

* Les dictions adverbiales *composées* doivent être produites sous un seul accent, et cet accent, dans le but d'éviter toute équivoque, doit se placer sur l'antépénultième syllabe. Il faut donc accentuer de cette manière les mots suivants: *Alíquando*, *déinde*, *déinceps*, *déorsum*, *désuper*, *dúmtaxat*, *éxinde*, *húcusque*, *néquando*, *périnde*, *próinde*, *quápropter*, *súbinde*, *exádversum*, etc. Il est bien entendu qu'ici l'avant-dernière syllabe de ces mots n'est faible que dans *désuper*, et qu'elle doit être commune ou moyenne dans les autres, contrairement à ce qui a été dit précédemment au n° 11.

* 18. A part les exceptions mentionnées dans ce qui précède (n°s 15, 16 et 17), les mots dissyllabiques portent l'accent sur leur première syllabe. Dans ceux qui ont plus de deux syllabes, c'est tou-

jours la quantité *prosodique* de la pénultième qui détermine la place de l'accent : longue, elle le retient invariablement ; brève, elle le fait reculer sur l'antépénultième, mais jamais au-delà.

* Si plusieurs dissyllabes se suivent immédiatement, il faut avoir soin de les accentuer sans trop d'exagération. La première syllabe demande un petit renforcement, un peu d'insistance, mais ne doit cependant pas se prolonger de telle sorte, qu'elle diffère beaucoup de la seconde par sa durée. Tout au plus aurions-nous quelques réserves à faire à cet égard, pour le *commencement*, le *milieu* et la *fin* de chaque verset des psaumes (1).

On trouve, dans certains ouvrages, des procédés mécaniques pour savoir si, dans les polysyllabes, il faut placer l'accent sur la pénultième ou l'antépénultième des mots. Ces procédés, sans être à dédaigner, surchargent cependant la mémoire et sont loin d'être toujours exacts. C'est ainsi, par exemple, que l'on donne pour règle sûre et principe général, que, dans tout mot terminé par deux voyelles, la première des deux est toujours faible, en sorte que l'accent porte alors sur l'antépénultième : *Fílius, strénuus, móneo, accípio.* « Il n'y a d'exception, dit-on, que pour l'*e* entre deux *i* de « *diéi*, et l'*í* des mots *alíus* (génitif), *ipsíus, istíus.* » L'estimable auteur qui pose cette règle, oublie que la seconde syllabe du substantif *bravium* doit être *accentuée*, bien que certains auteurs italiens la traitent souvent comme une syllabe *faible* : ce qui est une erreur manifeste. On peut voir cette faute dans le *Cantore ecclesiastico* de Frezza dalle Grotte, Padoue, in-4°, 1698, p. 59.

19. L'accent se déplace, dans les mots dissyllabiques et polysyllabiques, quand on ajoute à la fin de ces mots les particules *ne, que, ve* et *cum.* Alors, c'est la syllabe qui précède immédiatement l'une ou l'autre de ces particules, qui doit être accentuée. Exemples : *hómines, hominésque, hominésve, hominésne,—árma, armáque,—vóbis, vobíscum, nóbis, nobíscum,* etc. Mais on prononce : *útique, dénique,*

(1) L'abbé Petit : *Dissertation sur la Psalmodie*, p. 98.

úndique, *ítaque*, etc., parce que ces mots sont simples et non composés.

* Si la préposition *cum* s'unit au pronom relatif *qui, quæ, quod*, pour former avec lui un mot composé, l'accent se place alors sur la préposition. Exemples : *quocúm, quibuscúm*.

Les grammairiens assimilent aux particules *ne, ve, que, cum*, les adjections monosyllabiques *ce, met, dem, nam* et autres qui se trouvent à la terminaison de certains mots, comme : *hujúsce, vobísmet, nobísmet, ibídem, ubínam*.

Lorsque la particule *ne* s'ajoute à un mot pour lui donner une *forme interrogative*, elle ne change en rien le placement ordinaire de l'accent. Ainsi, on dira : *Tíbi, tíbine? Pláto, Plátone? ástra, ástrane?* etc.

20. Les mots hébraïques non déclinés ont presque tous l'accent sur leur dernière syllabe. On doit cependant dire : *Ephráta*, *Gelbóe*, *Ephráim*, *Esáu, Jesábel, Mesráim,* etc. Le mot *alleluia* peut, dit-on, être accentué à volonté sur l'une ou l'autre de ses trois dernières syllabes; toutefois l'usage général est de prononcer *allelúia,* et rien ne serait plus désagréable que d'en varier l'accentuation dans un seul et même morceau de chant. On dit communément : *Melchísedech,* mais on devrait accentuer ce mot sur l'avant-dernière syllabe.

21. Les mots grecs s'accentuent comme ils doivent l'être dans la langue originale des anciens Hellènes. C'est pourquoi l'on prononce : *lithóstrotos, kýrie, eléison, paralipoménon,* etc.

22. Telles sont, en abrégé du moins, les vraies

règles de l'accentuation latine d'après les plus anciens et les meilleurs auteurs qui nous en ont transmis la pratique au temps de la belle latinité. Il ne faut donc pas les confondre avec ces prescriptions plus ou moins arbitraires, plus ou moins dépravées, introduites sans doute, dit le très-docte abbé Petit, par la routine et la pratique des lutrins, depuis que la langue latine, à peu près morte dans les écoles, n'a plus conservé son caractère musical que dans l'Eglise (1).

23. Les règles qui viennent d'être données doivent être suivies dans la simple lecture; mais, lorsqu'il s'agit du chant des psaumes, elles ne sont pas tellement absolues, qu'elles n'admettent parfois des exceptions. Ainsi, par exemple, c'est pour nous, modernes, une difficulté (qui n'existait point pour les anciens) de prononcer immédiatement de suite *deux syllabes accentuées,* dans les *teneurs* psalmodiques, ce qui arrive quand un monosyllabe portant l'accent tonique précède un mot dont la première syllabe le porte également. On doit alors sacrifier l'accent du monosyllabe, à moins que la mélodie ne permette au chantre un léger appui sur les deux syllabes aiguës.

(1) *Dissertation sur la Psalmodie*, p. 75.

Dans les *intonations* des psaumes, on est souvent contraint de ne donner qu'une note à une syllabe accentuée, et d'en accorder plusieurs à une autre qui ne l'est pas, en élevant même la voix sur celle-ci.

Dans les *médiations* et les *terminaisons,* on est encore forcé très-souvent de porter atteinte à l'accent des monosyllabes, et d'élever même la voix sur la dernière syllabe d'un mot polysyllabique, bien qu'il faille éviter, autant que possible, cette élévation si contraire à la nature de l'accent.

En général, on peut dire que, notamment dans la Psalmodie, l'action propre de l'accent est parfois combattue, annulée même par les exigences de la mélodie : l'art doit, en conséquence, résoudre ou prévenir alors les difficultés qui résultent de cette contrariété d'action, comme aussi la science doit venir au secours de la pratique et la diriger.

Les détails qui vont suivre, sont écrits dans ce but ; mais avant de les aborder, il est essentiel de compléter nos préliminaires.

24. On distingue quatre choses dans la Psalmodie composée, savoir : l'*intonation,* la *teneur*, la *médiation* et la *terminaison.*

25. L'*intonation,* qu'on appellerait beaucoup plus

stement *introduction* ou *début*, est une petite hrase musicale par laquelle commence le chant salmodique pour arriver à la *teneur*, quand ce hant est complet.

L'*intonation* finit à la première note de la teneur.

Elle se fait de deux manières : ou bien en plaant chacune de ses notes sur une syllabe différente, et, dans ce cas, on l'appelle *intonation non ée;* ou bien en réunissant 2 ou 3 notes sur une ule syllabe, et alors elle se nomme *intonation liée.*

L'*intonation*, comme on le verra bientôt, est *ée* dans les 1er, 3e, 4e, 6e et 7e tons psalmodiques. lle est *non liée* dans les 2e, 5e et 8e (1).

L'intonation est *solennelle* ou *simple.* Solennelle, lle peut être *liée* ou *non liée;* simple, elle comence à la teneur ou dominante du ton, sans inonation proprement dite, et nécessairement alors lle est *non liée.*

L'*intonation* est solennelle au *premier* verset des saumes de matines, laudes et vêpres des fêtes du it double, — à *tous* les versets des cantiques *Beedictus* et *Magnificat* des fêtes du même rit, — et u *premier* verset de ces deux cantiques, si les

(1) Les livres de Chant de Digne et d'Avignon donnent, au 3e ton salmodique, une intonation *non liée*.

fêtes sont semi-doubles. Dans toutes les autres circonstances, l'intonation est simple (1).

26. La *teneur, dominante* ou *note principale* de la Psalmodie, n'est autre chose que la dominante même du mode auquel correspond un ton psalmodique. C'est sur elle que se chantent toutes les paroles, depuis l'intonation proprement dite (quand il y en a) jusqu'à la médiation, et depuis la médiation jusqu'à la terminaison ou finale de chaque verset. La durée de la teneur est fixée par le nombre seul des syllabes qui existent entre ces deux termes.

27. On entend par *médiation* le chant des dernières syllabes essentielles de la première partie de chaque verset. Le nombre de ces syllabes varie, comme on l'indiquera plus loin. Le repos qui se fait après chaque médiation, doit être sensible, et se marque ordinairement par un astérisque ou étoile.

* Dans certains versets dont l'étendue et le sens autorisent à partager, par un petit repos, ce qui précède l'astérisque, quelques Eglises admettent une double médiation. La première se nomme *fausse médiation;* mais une seule suffit, et là où l'usage ne prescrit point le contraire, il faut bien se garder d'introduire deux médiations qui altèrent la forme véritable de la Psalmodie.

28. La *terminaison, finale, conclusion* ou *différence,* est la manière de terminer mélodiquement

(1) Voir l'excellente *Méthode élémentaire de Plain-Chant,* par M. l'abbé F. Aubert, membre de la commission de Plain-Chant de Digne, et organiste de la Cathédrale de cette ville, — Digne, chez Repos, 1855, p. 37. Les Complies sont toujours du rit semi-double.

chaque verset des psaumes et des cantiques. Cette terminaison doit être la même pour tous les versets d'un même cantique ou psaume. En dehors de ce cas, la diversité des conclusions est admise, dans le but d'apporter de la variété au chant psalmodique, et de l'unir logiquement à l'antienne qui lui correspond.

* On trouvera, dans notre *Traité complet d'Accentuation latine et de Psalmodie*, les règles fixant le rapport qui doit exister entre chaque terminaison psalmodique et le commencement de l'antienne qui s'y rattache.

On indique ordinairement la différence des terminaisons en plaçant celle qui est adoptée, à la fin de chaque antienne, au-dessus des lettres *e u o u a e*, qui sont les voyelles des deux mots *Sæculorum amen*.

* Cette abréviation est un reste de l'*art de vocaliser*, inventé par Guido d'Arezzo, au commencement du XIe siècle.

Quelquefois, on se contente de mettre la terminaison choisie au-dessus des premiers mots du psaume ou du cantique.

Dans beaucoup d'éditions, on marque, en tête de chaque antienne, une lettre qui désigne la terminaison psalmodique. On verra bientôt quelles sont les lettres dont on fait alors usage, et ce qu'elles signifient.

La terminaison de tout cantique et de tout psaume

6*

peut être *incomplète* ou *complète.* Elle est *incomplète,* lorsqu'elle s'arrête sur un des degrés de l'échelle du mode sans arriver à la finale; alors la lettre qui indique cette terminaison est *minuscule.* Pour qu'une terminaison soit complète, elle doit s'arrêter à la finale du mode, et on la désigne, dans ce cas, par une lettre capitale (D, E, F ou G).*

* Quelques auteurs mentionnent une troisième espèce de terminaison psalmodique qu'ils nomment *plus que complète.* Elle a lieu quand, après avoir touché la finale, elle conclut en se posant sur un autre degré supérieur ou inférieur. On la marque aussi par une lettre minuscule qui en représente la dernière note.

29. PREMIER TON PSALMODIQUE.

Di - xit Do - mi - nus Do - mi - no me - o :*

Teneur. Terminaison.

Se-de a dextris me-is. Magni - fi-cat. Be-ne - di-ctus.

Intonation simple.

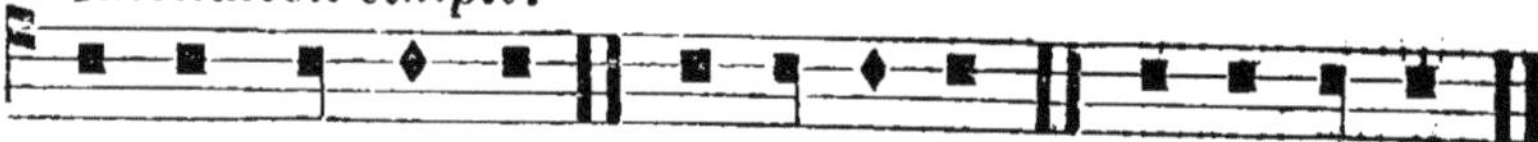

Di- xit Do - mi - nus. Magni - fi - cat. Be - ne - di - ctus.

* Désormais, nous nous dispenserons de marquer, au-dessus du chant de chaque ton psalmodique, les mots *Intonation, Teneur, Médiation* et *Terminaison.* Rien ne sera plus facile au lecteur que de faire lui-même cette application. — Nous nous dispenserons aussi d'indiquer les intonations simples, puisque, pour les obtenir, il suffit de commencer le psaume ou le cantique par la *Teneur* ou dominante du mode.

Aux fêtes solennelles, on donne aux cantiques, dans certaines églises, la médiation suivante qui est plus ornée et plus pompeuse :

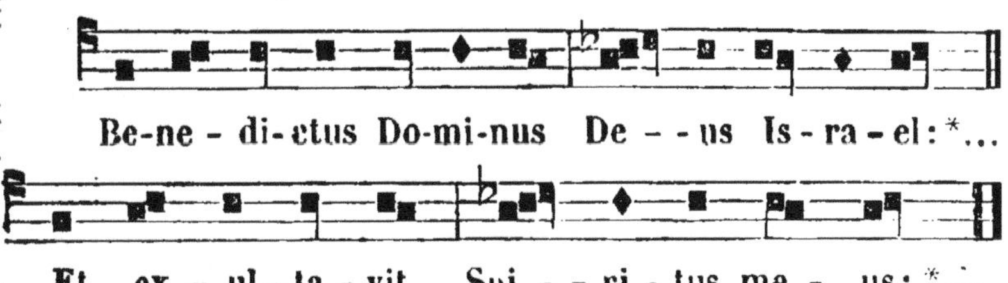

La terminaison, indiquée plus haut, est la *première* du premier ton psalmodique. On la nomme *du* 1 *en* J, nous ne savons trop pourquoi. M. l'abbé David Faure pense qu'il n'y a que la *forme* de la lettre J, qui ait pu déterminer les éditeurs français à l'employer ici (1). Il vaut mieux dire que cette terminaison est *du* 1 *en* D : cette désignation, tout en restant irréprochable, n'a aucun inconvénient dans les éditions qui, comme celle de Digne, ne ne donnent au premier ton qu'une seule terminaison complète.

Voici quelques autres terminaisons usitées dans le premier ton des cantiques et des psaumes :

2e terminaison en f ou *fa* :

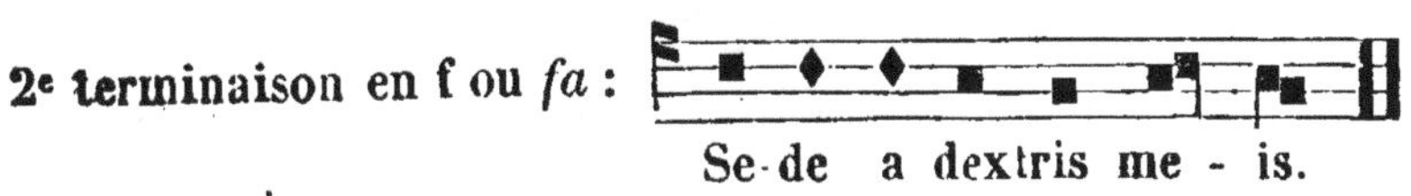

(1) *Nouvelle Méthode de Plain-Chant*, Limoges, 1844, p. 58.

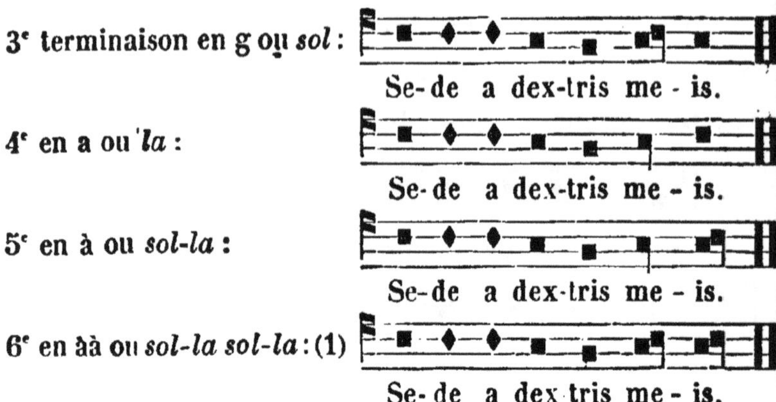

30. Dans l'intonation solennelle du premier ton, il ne faut jamais placer les deux notes de la liaison (*sol-la*) sur une pénultième brève (*Dó(mĭ)nus*), ni sur une voyelle suivie d'un *m* final en concours avec une autre voyelle (*bó(nŭm) est*), ni sur la deuxième syllabe naturellement brève d'un mot dissyllabique suivi d'un monosyllabe (*Jú(stŭs) es*), ni sur la deuxième syllabe d'un mot dissyllabique qui finit par une voyelle et forme un mot composé avec un monosyllabe suivant (*mó(tĭ) sunt*). Hors ces cas, on chantera toujours les deux notes de la liaison sur la deuxième syllabe du verset. Exemples :

(1) Cette terminaison étant peu commune, nous l'indiquons tant bien que mal par àà, on pourra, au besoin, la désigner autrement, si on le juge à propos.

31. La médiation du premier ton se chante sur les deux dernières syllabes qui précèdent l'astérisque; mais ici encore, pas plus qu'à l'intonation, il ne faut placer les deux notes de la liaison sur les syllabes qui ont été signalées comme *faibles* au numéro précédent. On chantera donc :

Lorsqu'un monosyllabe se trouve à la fin de la médiation, on est obligé de mettre ce monosyllabe au-dessous de la dernière note, et de faire en sorte que la liaison *la-sol* soit au-dessus de la première syllabe d'un mot dissyllabique ou de la pénultième accentuée d'un mot de plusieurs syllabes. Exemples :

Que si le monosyllabe final est précédé d'un mot qui n'est accentué qu'à l'antépénultième, la difficulté devient alors assez embarrassante. Les uns chantent :

Les autres :

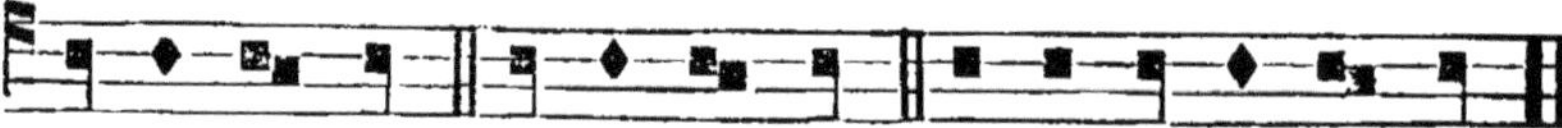

Cette dernière manière nous semble de beaucoup préférable à l'autre, parce que, dans la Psalmodie, il est formellement interdit de faire deux syllabes *faibles* de suite, et que rien n'empêche, à la rigueur, de mettre ici les deux notes de la liaison sur une syllabe *commune*.

Nous ne dirons rien de ceux qui chantent :

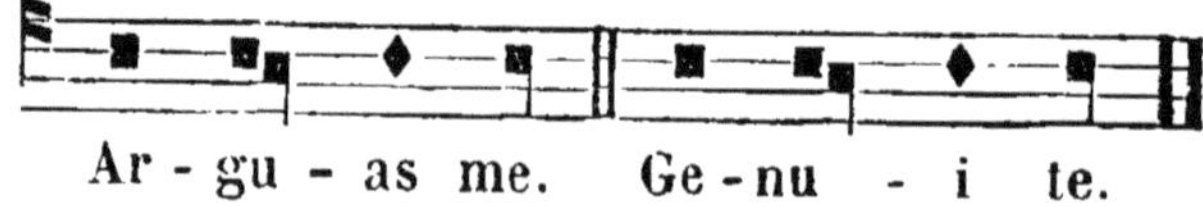

sinon qu'ils méritent, sous tous les rapports, l'épithète de *barbares*.

Lorsque la médiation offre deux monosyllabes avant l'astérisque, il nous semble qu'on doit faire une distinction capitale.

Si ces deux monosyllabes portent accent, point de difficulté. Alors on dira :

Si, au contraire, l'avant-dernier monosyllabe ne doit pas être accentué d'après les véritables règles, il nous *paraît* convenable de le traiter dans le chant *comme particule faible,* et de faire la liaison sur la syllabe finale du mot précédent. Ainsi, selon nous, on *devrait* dire :

A moins qu'on ne préfère adopter la méthode suivante qui est beaucoup plus simple, mais qui a l'inconvénient d'accentuer un monosyllabe *faible.*

32. La terminaison du premier ton affecte quatre syllabes.

Voici d'abord les notes de cette finale :

Sous le n° **1**, on peut placer une syllabe même *faible,* comme la deuxième du mot *Dó(mĭ)nus,* par exemple.

Sous le n° **2**, on peut mettre une syllabe *commune,* comme la première du mot *occásum,* ou la dernière du mot *sæculum,* mais non une syllabe *faible.* S'il s'en trouvait une, on la chanterait brièvement sous la note du n° **3**.

Sous le n° **3**, on met ordinairement une syllabe

accentuée, mais cela n'est pas nécessaire quand une syllabe accentuée a déjà été adaptée au n° 2. Il est interdit de placer une syllabe *faible* sous le n° 3; s'il s'en trouvait une, on la chanterait *brièvement* sous la note du n° 4.

Sous le n° 4, on chante la dernière syllabe de la médiation. Exemples :

33. DEUXIÈME TON PSALMODIQUE.

Le deuxième ton psalmodique n'a qu'une terminaison; elle est en D ou *Ré*. Il est donc inutile de l'indiquer, dans les livres, lorsque ceux-ci n'ont pas une autre mélodie dont nous parlerons tout-à-l'heure.

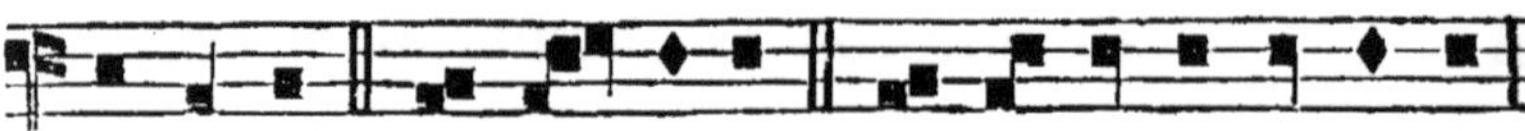

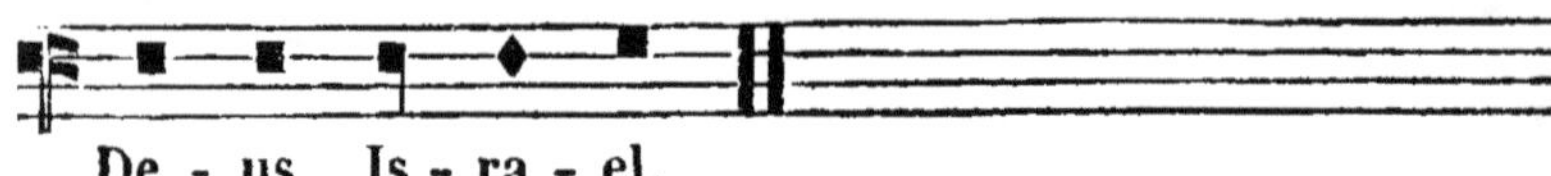

On dit, en quelques endroits, aux fêtes solennelles :

L'autre chant psalmodique du deuxième ton est fort beau, quoique moderne. Le diocèse de Paris et plusieurs autres diocèses de France en font usage. Quelques éditions françaises de chant romain n'ont pas hésité de l'insérer au nombre de leurs formules, mais en le transposant en A, c'est-à-dire en *La*.

Au lieu de :

elles notent ainsi ce chant :

Du 2 en A.

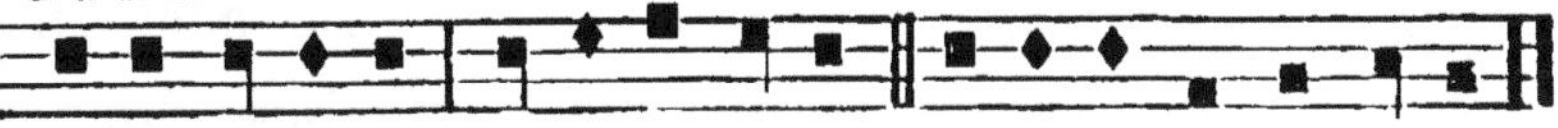

Dans quelques églises, on donne l'*intonation* suivante à ce deuxième ton en A :

Ou bien :

La présence du *si* bémol gâte toute la mélodie ; le *si* naturel est meilleur ; mais l'intonation directanée, telle que nous l'avons donnée précédemment, est de beaucoup préférable.

34. L'intonation du 2 en D nous offre trois notes (*ut*, *ré*, *fa*) auxquelles s'adaptent les trois premières syllabes du verset, *quelles qu'elles soient.* Si la deuxième syllabe est *faible*, le *ré* qui lui correspond se marque par une losange ; si la syllabe faible est la troisième, le *fa* qui s'y rapporte doit être également indiqué par une pareille note. L'une des trois notes initiales se trouve-t-elle sur une syllabe accentuée, on peut lui donner la figure d'une note à queue. Exemples :

35. La médiation compte deux syllabes, dont la première est placée sous la note *sol*, et la seconde sous la note *fa*.

Un mot dissyllabique (*meus*, *Deus*, etc.) peut facilement s'adapter aux deux notes de cette médiation, ainsi que les deux dernières syllabes d'un mot polysyllabique accentué à la pénultième (*portábunt*, *meditabúntur*, *meárum*, etc.).

Pareillement encore, les trois dernières syllabes d'un mot accentué à l'antépénultième, en ayant soin toutefois de traiter comme faible l'avant-dernière syllabe (*Dóminus*, *inánia*, *bárbaro*).

Mais si la première partie du verset se termine soit par *un* ou *plusieurs monosyllabes*, soit par un mot hébreu indécliné, alors la médiation intervertit l'ordre de ses deux notes finales, de telle sorte qu'au lieu de

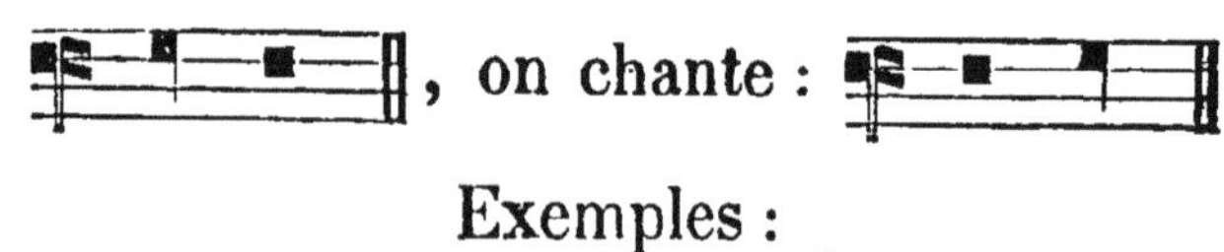

Exemples :

Et non pas (1) :

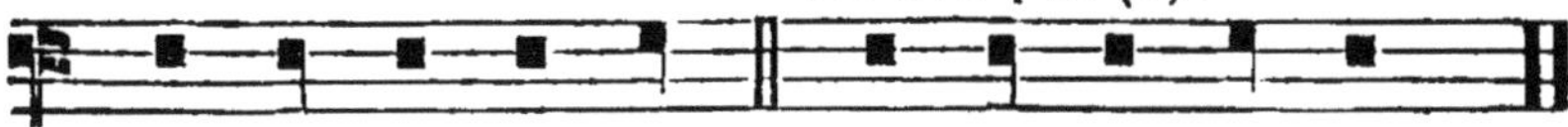

36. Les trois notes *mi-ut-ré* forment la terminaison de la psalmodie du deuxième mode en D. La syllabe posée sous la note *ut* doit être accentuée, à moins qu'elle ne le soit sous le *mi* et qu'il y ait un monosyllabe sous le *ré*. Exemples :

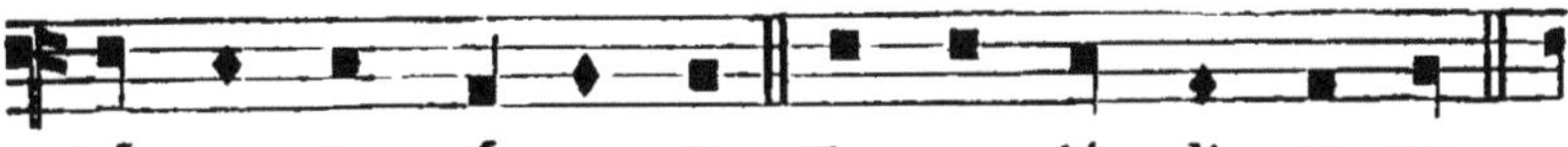

(1) Ceux qui prescrivent cette dernière médiation, s'appuient sur le singulier principe que *deux monosyllabes consécutifs équivalent à un dissyllabe, lequel doit porter l'accent sur sa première moitié.* Il est évident qu'ici la préposition *de* n'est pas accentuée, et lors même qu'elle pourrait l'être, c'est l'accent du dernier monosyllabe qui doit être mis en relief.

* On voit qu'il peut y avoir une syllabe *survenante* ou *faible* entre la première et la deuxième, comme aussi entre la deuxième et la troisième de cette terminaison.

37. Dans la psalmodie du 2 en A, les notes se distribuent syllabiquement, et les syllabes faibles elles-mêmes se comptent sous les trois premières notes de la médiation et sous les deux premières de la terminaison; mais les syllabes faibles redeviennent nulles, à la médiation, entre les deux dernières notes *ré-ut*, et, à la finale, entre *si-la*. Exemple :

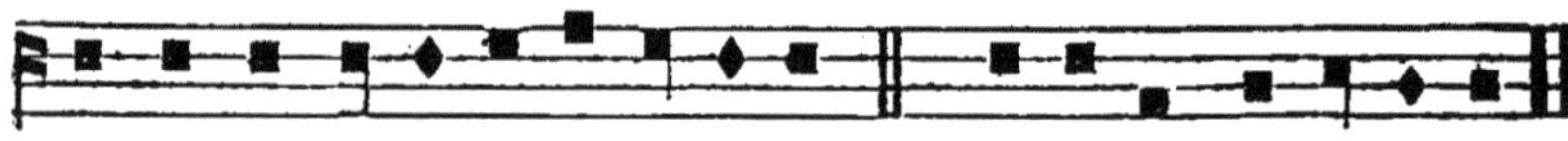

A la médiation, les monosyllabes et les mots hébreux indéclinables se chantent de cette manière :

38. On rapporte, à la psalmodie du deuxième mode, un très-beau chant dont on ne fait usage que pour le psaume *Miserere mei Deus.* Le voici tel qu'on le pratique à la Chapelle Pontificale :

Cette mélodie, chantée gravement, produit toujours une impression profonde de sainte tristesse.

39. TROISIÈME TON PSALMODIQUE.

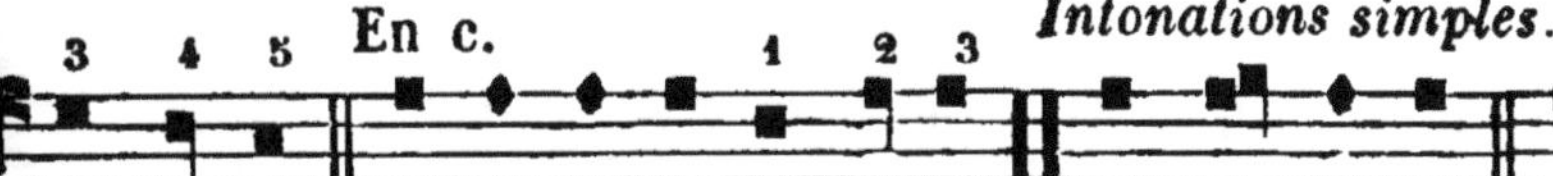

40. Ainsi que nous l'avons déjà dit (p. xi), l livres d'Avignon et de Digne donnent, à ce tro sième ton, une intonation *non liée;* ailleurs, a contraire, on fait une ligature composée des not *la-ut* sur la deuxième syllabe *non faible* du verse Si l'intonation est liée, on suit les règles donné précédemment pour l'intonation du premier to psalmodique; si elle ne l'est pas, on observe c qui a été dit pour le deuxième ton. Exemples :

41. La médiation est ici formée de quatre syl labes essentielles, au-dessous des notes :

En général, la première et la troisième doive être accentuées. Cette règle s'observe facilement lorsque la médiation se termine :

1° Par deux dissyllabes (*Deus meus, erit justus* etc.).

2° Par deux trissyllabes accentués à l'antépénultième (*Dómini Dómino, sǽculum sǽculi, símilis fáctus est*). Alors, il y a deux syllabes survenantes.

3° Par un mot polysyllabique accentué à l'antépénultième et suivi d'un dissyllabe, ou vice versa (*Dómino meo, mihi déerit, terra ínopem.* Cette médiation ne compte qu'une syllabe surnuméraire.

4° Par un polysyllabe accentué à la pénultième ou à l'antépénultième, et suivi d'un trissyllabe accentué à l'antépénultième ou d'un dissyllabe (in æ-*térnum pérmanes,* in id-*ípsum dórmiam,* mise-*rátor Dóminus,* ex-*áudies Dómine,* bene-*dícimus Dómino,* mansu-*étos Dóminus,* mira-*bília tua*, bene-*dícam tibi,* tu-*órum dicens*, etc.). Il est facile de dire combien ces médiations offrent de syllabes qui ne comptent pas (1).

Dans ce qui précède, les règles de l'accentuation coïncident parfaitement avec les exigences du chant psalmodique ; mais il n'en est pas toujours ainsi.

En effet, il y a irrégularité par rapport aux lois de l'accent :

1° Lorsque les dictions, indiquées plus haut comme fournissant les *deux premières* ou les *deux dernières* syllabes réelles de la médiation du troisième

(1) Voir p. III, n° 11.

mode, sont remplacées par *deux monosyllabes* dont le premier, d'après les règles, ne doit pas être accentué (*in te Deus*, man-*dávit de te*, *ex hoc in hoc*).

2° Lorsque, *entre* les mots indiqués aux 1°, 2°, 3° et 4° comme fournissant la médiation normale du troisième ton psalmodique, il y a un monosyllabe. Ce monosyllabe doit toujours être chanté comme particule faible ou tout au plus commune, *même lorsqu'il est accentué*. Exemples :

Exemples	
Gaudio *os* nostrum. Domini *est* salus. Domine *spes* mea.	*Infractions à l'accent.*
Vidit *et* fugit (1). Suas *in* pharetra. Silui *a* bonis. Domine *ne* sileas. Sterilem *in* domo. Patri *et* Filio (2).	*Applications conformes à l'accent.*

3° Lorsque les mots trissyllabiques indiqués comme fournissant *les deux dernières syllabes* de la

(1) Et non pas : *Vidit et fugit*, comme on l'enseigne dans certaines méthodes.

(2) Et non pas : *Patri et Filio*, d'après un détestable usage qui est presque général.

médiation du troisième mode, sont remplacés par d'autres trissyllabes qui doivent être accentués à la pénultième, au lieu de l'être à l'antépénultième, il en résulte une grave anomalie, car, alors, la syllabe qui précède l'accent est traitée comme faible ou survenante, contrairement aux règles (n° 11). Exemples : multi-*tudinem stellarum*, por-*tarum tuarum*, *fœnum tectorum*, pecca-*torum confringam*, *viduam suscipies*, etc.

4° Il en est de même, lorsque le mot trissyllabique final dont il vient d'être parlé, est remplacé par un tétrasyllabe (1) accentué à l'antépénultième : la première syllabe de ce mot est alors sacrifiée comme survenante : indu-*antur justitiam*, e-*orum compositæ*.

5° La médiation du 3e mode peut se faire avec un seul mot de *quatre* ou de *cinq* syllabes, selon que l'accent est à la pénultième ou à l'antépénultième (*ambulábunt*, *vanitátem*, *patiéntibus*) ; mais, évidemment, c'est encore là un sacrifice imposé à l'accentuation par la mélodie.

6° Enfin, pour mettre un terme à des détails

(1) Mot composé de *quatre* syllabes.

déjà trop longs, nous dirons que le cas le plus difficile dans la pratique de la médiation du 3e mode, c'est la présence d'un trissyllabe suivi d'un monosyllabe final, comme *státuens me, éripe me, éruas me, hómines sunt, locútus sum, exáudi me,* etc. Il est évident que si, alors, on adapte la syllabe accentuée à la première note de la médiation, celle-ci n'aura que *deux* ou *trois syllabes réelles,* au lieu de *quatre.* Exemples :

Dans le chant parisien, ces deux ou trois syllabes suffisent en cette circonstance, grâce au monosyllabe final. Il en est de même, lorsqu'un mot hébraïque indéclinable termine la médiation du troisième mode. Mais, ainsi que l'observe très-bien M. l'abbé Chaussier (1), le chant romain n'admet pas cette double exception, et exige ici, comme précédemment, *quatre syllabes réelles.*

Or, pour arriver à ce nombre, il faut d'abord distinguer si le mot trissyllabique, suivi d'un monosyllabe, est accentué à la pénultième ou à l'antépénultième.

(1) *Le Plain-Chant selon le rite romain et le rite parisien,* Metz 1851, un fort vol. in-12, 3e édition, p. 110.

1° Supposons d'abord qu'il soit accentué à la pénultième syllabe. Dans ce cas, il peut être précédé ou d'un monosyllabe, ou d'un dissyllabe, ou d'un polysyllabe.

S'il est précédé d'un monosyllabe, c'est sur celui-ci, *accentué ou non,* que se fera la première note de la médiation ; la dernière syllabe du mot trissyllabique sera *nulle* (A).

S'il est précédé d'un mot dissyllabique, la médiation commencera sur la première syllabe de cette diction ; la première et la dernière syllabe du mot trissyllabique seront *faibles* ou *survenantes* (B).

S'il est précédé d'un polysyllabe, la médiation débutera sur l'accent de cette diction polysyllabique ; la première et la dernière syllabe du mot suivant seront considérées comme *surnuméraires* (C). Exemples :

8

2° Supposons maintenant l'accent placé sur la première syllabe du mot trissyllabique.

Si ce mot est précédé d'un monosyllabe, celui-ci sera le point de départ de la médiation :

Mais si, au lieu d'un monosyllabe, on voit une diction dissyllabique ou polysyllabique, la médiation du troisième mode rencontre alors une difficulté des plus embarrassantes, puisque le chantre doit forcément *choisir entre deux fautes :* ou il faudra élever la voix sur la dernière syllabe de la diction dissyllabique ou polysyllabique (ce qui est défendu), ou bien on commencera la médiation à l'accent de cette diction, et l'on aura *deux syllabes faibles consécutives* (ce qui est encore défendu). Exemples :

De ces deux fautes, c'est assurément la seconde qui nous répugne le plus : nous n'aimons pas l'accumulation des notes et des syllabes survenantes qui dénaturent la gravité de la Psalmodie. Que si l'on nous reprochait l'élévation de la voix sur la syllabe finale d'un mot, nous répondrions que cette élévation est permise dans le deuxième ton psalmodique en A, parce qu'elle y est absolument nécessaire, et qu'ici, cette infraction à la règle de l'accent ne nous paraît pas moins justifiable au même titre.

42. Dans les livres de chant romain, édités à Digne, les terminaisons du troisième mode exigent *trois, quatre* ou *cinq* syllabes. Exemples :

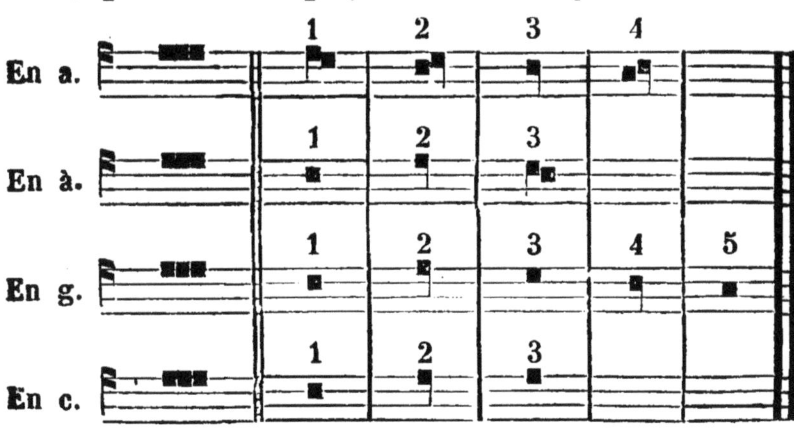

Quant à l'adaptation des notes aux paroles de ces diverses terminaisons, il faut d'abord savoir que l'avant-dernière note doit toujours être accompagnée d'une syllabe accentuée, à moins que le verset ne se termine par *un monosyllabe précédé d'un mot polysyllabique accentué à l'antépénultième*. Dans ce cas, ce n'est plus l'avant-dernière note de la terminaison, mais l'*antépénultième* qui doit avoir une syllabe portant l'accent tonique.

Il peut arriver qu'une syllabe *faible* intervienne entre l'avant-dernière et la dernière note de la terminaison du troisième mode.

Au-dessous de toutes les autres notes, il est permis de placer des syllabes *faibles*, excepté dans le troisième ton en a, et sous le n° 2 du 3ᵉ en g.

Exemples :

(1) Cette, terminaison pourrait former l'objet d'une Notice assez curieuse sous le rapport des fautes typographiques dont elle a été l'occasion depuis près de deux cents ans. N'étant guère usitée que le Dimanche à

* Dans le *Vespéral Romain*, imprimé à Dijon en 1850, par M. Douïllier, l'intonation du quatrième ton se fait par deux ligatures, de cette manière :

la sol sol la
Di - xit.

44. Les règles qui ont été données pour le placement des paroles à l'intonatien du premier mode, sont applicables à l'intonation du quatrième ton psalmodique.

45. Celles qui concernent la médiation du deuxième mode, conviennent également à la médiation du quatrième.

46. La terminaison en g entraîne souvent une syllabe survenante qui la précède :

Vêpres, au psaume *Beatus vir*, l'excessive rareté de son emploi a singulièrement favorisé la distraction des éditeurs. On l'a donc notée d'une manière aux *Intonations diverses des psaumes*, et d'une autre dans le corps de l'*Antiphonaire* ou du *Vespéral*. Les uns lui ont assigné les notes *sol la si sol sol* et *la sol sol;* d'autres, *sol la si sol sol, — sol la si la la* et *sol la si sol la*. Cette dernière terminaison est la seule qui soit exacte.

Dans les autres finales du quatrième ton, on peut placer, sous la note *si* ou sous le groupe ***ut-si-la,*** la dernière syllabe d'un mot :

Cet exemple montre que la note n° 2 peut être servie par une syllabe *faible.*

Voici deux autres exemples qui indiquent qu'il peut en être de même pour la note n° 1.

En conséquence de ce qui vient d'être dit touchant les terminaisons du quatrième ton en E, en *E* et en a, il résulte qu'il ne peut y avoir de syllabes survenantes qu'entre les notes 3—4 et 4—5.

47. CINQUIÈME TON PSALMODIQUE.

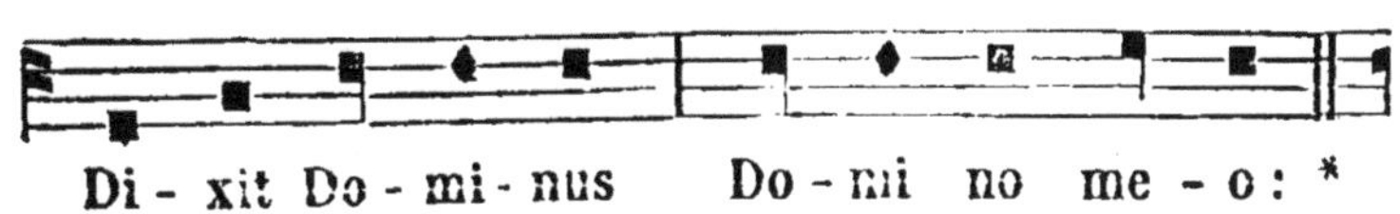

En a.

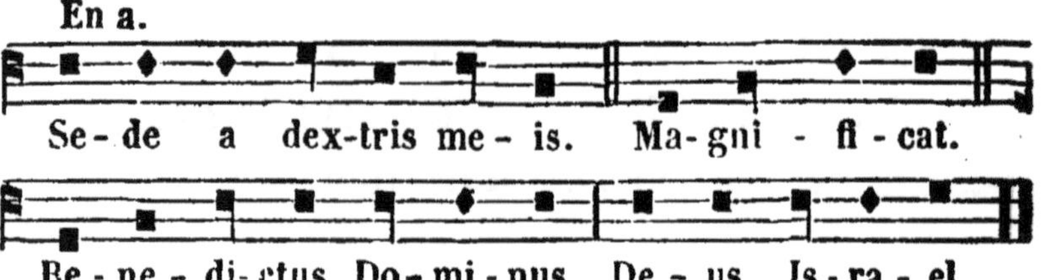

48. Nous renvoyons à ce qui a été prescrit au sujet du deuxième ton, pour l'intonation et la médiation du cinquième. Ce sont les mêmes règles.

49. Dans la terminaison du cinquième mode, la syllabe correspondant à la première note (*ré*) doit très-généralement porter l'accent, signe d'élévation. Exemples :

Un mot de quatre ou cinq syllabes peut, à lui seul, suffire pour la finale du cinquième mode. S'il est accentué à l'antépénultième, ses trois dernières syllabes se placeront sous les n° 3 et 4; on lui en empruntera deux autres *quelles qu'elles soient*, pour les notes 1 et 2 (A). S'il est accentué à la pénultième, l'accent sera placé sous le n° 3, et les trois syllabes précédant cet accent seront adaptées aux notes de cette manière, savoir : une au n° 1 ; la suivante entre les numéros 1 et 2 comme syllabe surnuméraire ; et la troisième au n° 2 (B). Exemples :

Tous les auteurs ne s'accordent pas sur la légitimité de la pratique des exemples B. Se fondant sur ce principe irréfragable, que, dans la prononciation liturgique, *toutes les syllabes qui précèdent l'accent, sont communes et ont la même valeur, sans distinction*, ils veulent que l'on exécute ainsi les finales B : *om-*[1]*ni-*[2]*po-*[3]*tén-*[4]*tis, ac-ce-*[1]*le-*[2]*ra-*[3]*vé-*[4]*runt, glo-*[1]*ri-*[2]*a-*[3]*bún-*[4]*tur,* etc. Cette opinion est la nôtre.

Un mot quadrisyllabique, accentué à la pénultième, remplit seul les quatre notes de la terminaison du cinquième mode :

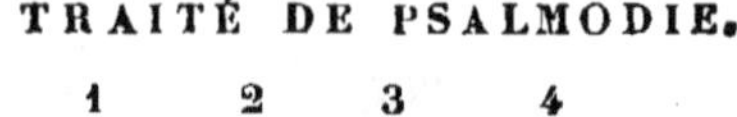

Tout verset qui se termine par un monosyllabe précédé d'un polysyllabe accentué à l'antépénultième, offre des difficultés dans la pratique. Voici ce qu'il faut faire en cette circonstance :

Le cas suivant et ses analogues sont réellement embarrassants, ainsi que le témoignent les diverses méthodes proposées pour résoudre le problème :

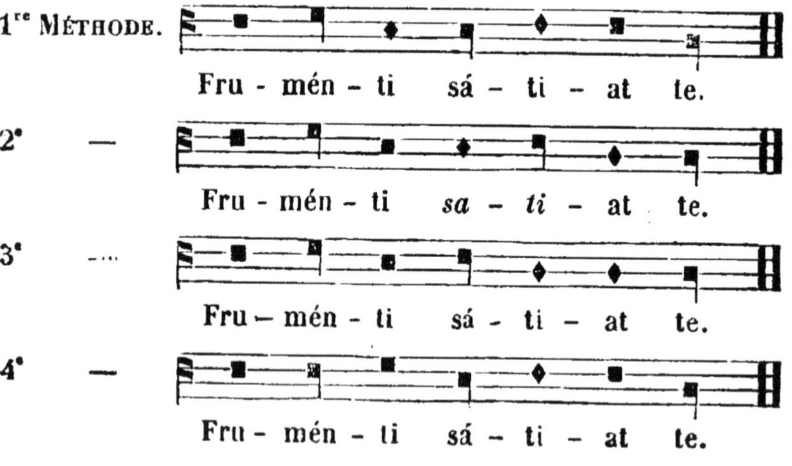

La première méthode serait parfaite, n'était la chûte peu gracieuse de *fru-mén-(tĭ)-sa...*; la deuxième est tout-à-fait barbare ; la troisième accumule les syllabes survenantes, et la quatrième fait élever la voix sur la syllabe finale de *frumenti.* Nous préférons cette dernière méthode, sans toutefois rejeter absolument la première.

En France, il y a un cinquième ton qui est très-populaire et qui n'est pas dépourvu de beauté. Le voici :

* En relisant ce qui a été dit au premier ton psalmodique, on n'éprouvera aucune difficulté pour l'intonation, la médiation et la terminaison du sixième. — Nous ferons observer, qu'en beaucoup d'églises, au lieu de faire la ligature *la-sol* à la médiation, on la remplace par la simple note *la*. Dans ces églises, on en agit de même pour la médiation du premier ton psalmodique.

EXEMPLES DE TERMINAISONS.

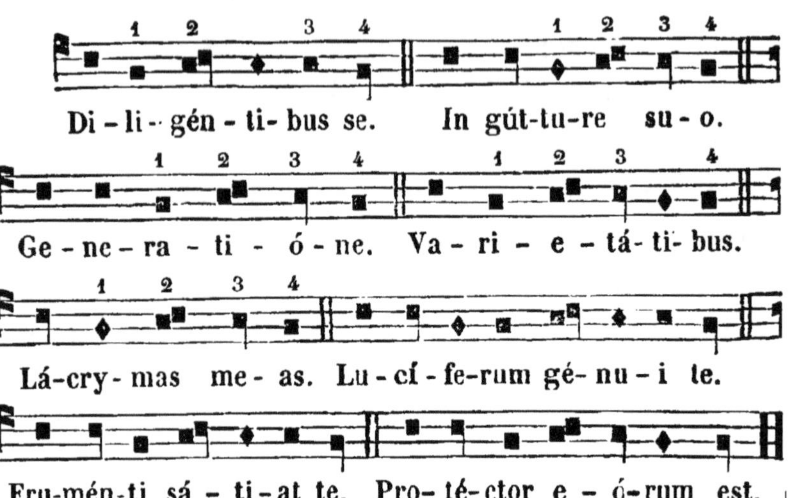

51. Dans presque toutes les églises de France, on chante le *Domine salvum* sur un sixième ton particulier, qui est empreint d'une grande noblesse. Voici ce chant national :

* La note n° 1 de la finale peut porter la dernière syllabe d'un mot.

52. SEPTIÈME TON PSALMODIQUE.

53. Les deux ligatures de l'intonation du septième ton psalmodique doivent recevoir l'une et l'autre une syllabe réelle et non survenante ; s'il se trouve une syllabe *faible* entre la première et la deuxième ligature, on la chante brièvement à l'unisson de la première note du second groupe *ut-ré*. Exemples :

54. Toutes les circonstances relatives à la distribution des syllabes de la médiation, se présentent ici, *au fond*, de la même manière que dans le troisième mode. Ainsi l'on dira :

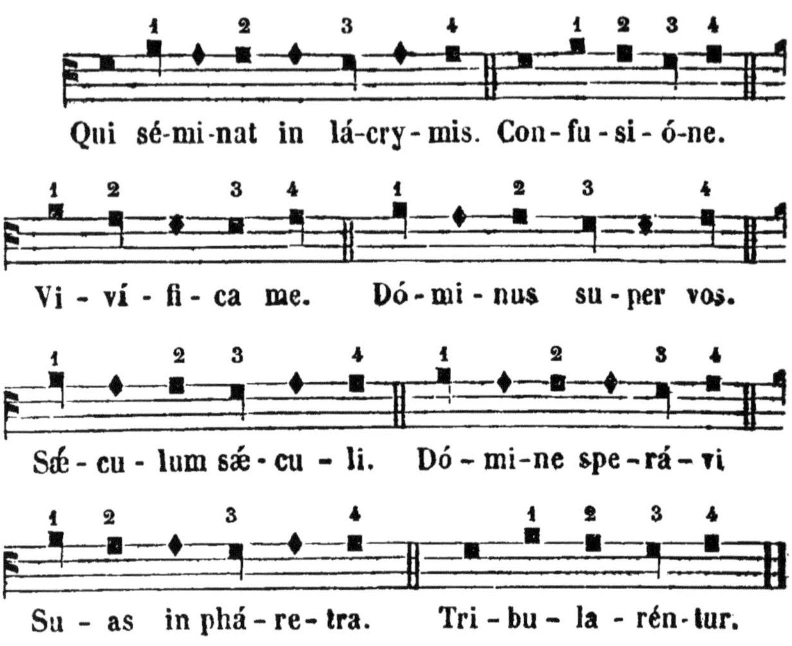

* Il est *généralement* défendu d'élever la voix (nº 1) sur la dernière syllabe d'un mot.

55. La distribution des quatre dernières syllabes auxquelles s'appliquent les terminaisons mélodiques du septième ton, offre peu de difficulté, surtout si l'on a étudié avec soin ce qui concerne les finales du cinquième mode. D'un côté comme de l'autre, tout s'y passe de même. Exemples :

56. HUITIÈME TON PSALMODIQUE.

Be - ne - di-ctus Do - mi - nus De - us Is - ra - el.

57. Pour la distribution des syllabes de l'intonation et de la médiation, nous renvoyons le lecteur à ce qui a été dit pour le deuxième mode. Il ne faut pas oublier que, dans le chant romain, les 2e, 4e, 5e et 8e tons psalmodiques relèvent l'accent final, à la médiation, quand celle-ci se termine par un ou plusieurs monosyllabes et un mot hébraïque indéclinable.

58. La note (n° 1) de la terminaison peut être au-dessus d'une syllabe *faible.* La note (n° 2) peut porter la dernière syllabe d'un mot. La note (n° 3) doit généralement être accentuée. Exemples :

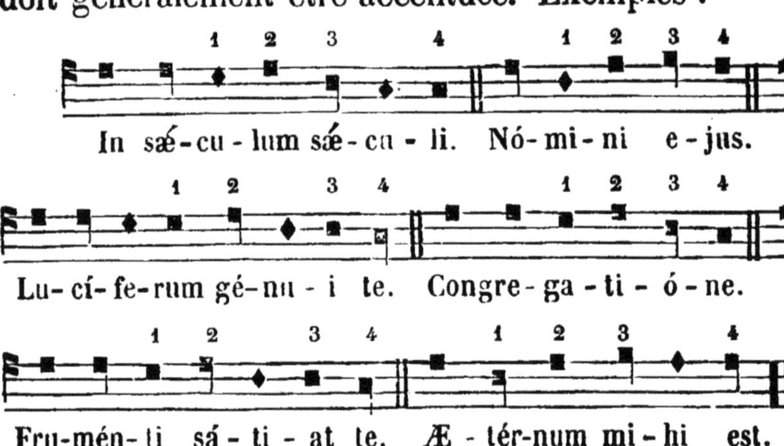

59. TON PARTICULIER AU PSAUME *IN EXITU*.

Le chant dont nous allons parler en terminant le présent Traité, est aussi beau que célèbre. Notre intention n'est pas de discuter à quel ton il appartient réellement.

En voici la formule d'après l'édition de Digne :

60. A la médiation, on doit généralement mettre une syllabe accentuée sous le n^e^ 1 ; mais ceci n'a pas lieu si un seul mot suffit pour terminer la première partie du verset :

Et non pas :

Ha - bent, et non am-bu - lá - bunt.

On remplace en quelques lieux, à la médiation, la note finale *fa* de la médiation par la note *la*, quand il y a un monosyllabe ou un mot hébraïque indéclinable. Ceci est prescrit notamment dans les éditions d'Avignon.

61. La terminaison n'offre aucune difficulté sérieuse.

62. Telles sont les règles que nous avions à offrir aux fidèles sur le chant de la Psalmodie. Malgré leur brièveté, nous les croyons aussi complètes que celles qui se trouvent dans de volumineux ouvrages. Puissent-elles contribuer à célébrer dignement les louanges de Dieu ! c'est notre seul désir comme notre seule ambition.

FIN.

Procédés de Tantenstein et Cordel, 92, rue de la Harpe.

Paris. — Imprimerie de H. CARION, rue Bonaparte, 64.

NOTES.

I. A Rome, on fait usage des médiations suivantes pour le 1er, le 3e et le 6e ton psalmodique :

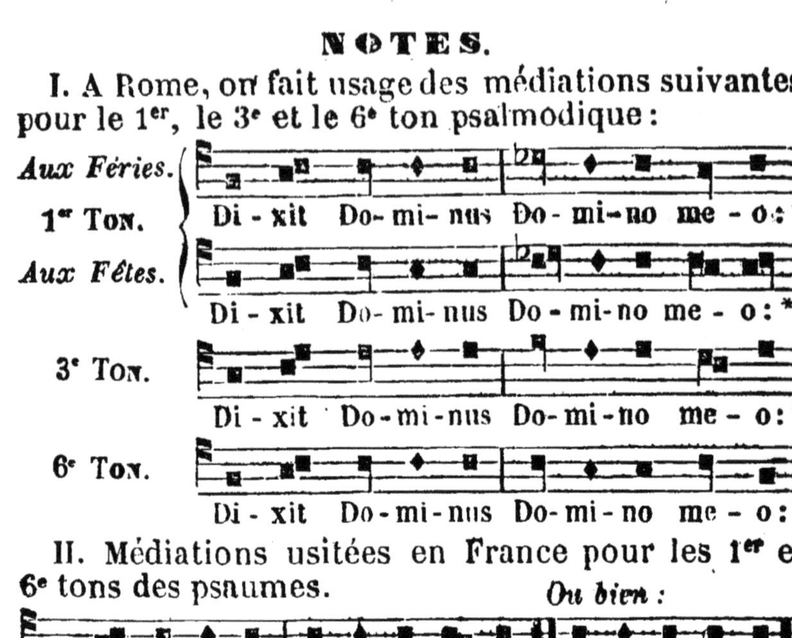

II. Médiations usitées en France pour les 1er et 6e tons des psaumes. *Ou bien :*

Di- xit Do-mi-nus Do-mi-no me - o: * Do-mi-no me - o: *

III. Dans le Chant Romain, les 2e, 4e, 5e et 8e tons psalmodiques sont les seuls dont les médiations relèvent l'accent final, quand elles se terminent par un monosyllabe ou par une diction hébraïque indéclinée.

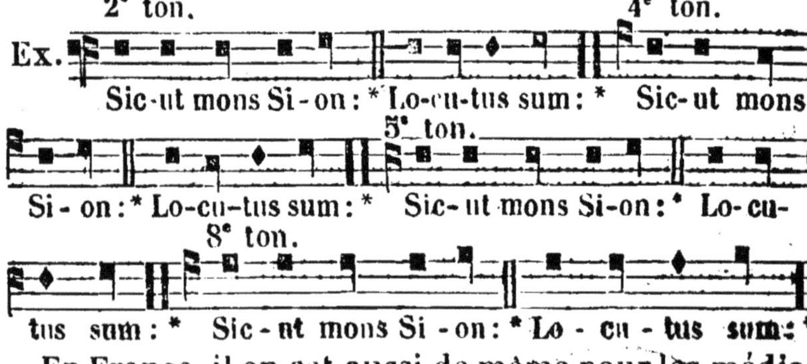

En France, il en est aussi de même pour les médiations du 2 en A (*voir* p. XXVI, n° 37), du 5 en C, et du chant de l'*In exitu Israel* (p. XLIX, n° 60).

IV. La manière de chanter les syllabes *survenantes*, aux intonations, médiations et finales des psaumes ou des cantiques, est un point sur lequel les auteurs ne sont pas d'accord. Il nous a semblé que l'essentiel, pour nous, n'était pas de faire cesser les discussions qui existent ici, puisque l'autorité nous manque pour obtenir un pareil résultat, mais d'adopter un système quelconque et de nous y conformer en toutes circonstances.

Voici donc les règles qui nous ont guidé.

1° Dans l'*intonation liée* des psaumes ou des cantiques, toute syllabe survenante se chante sur le degré de la syllabe qui suit.

2° Aux *médiations* et aux *finales*, il en est de même, excepté dans deux cas, savoir:

Première exception. Lorsque la syllabe *survenants* précède immédiatement un monosyllabe accentué ou la dernière syllabe d'un mot hébraïque qui porte accent, on la chante sur le degré mélodique qui précède, si le monosyllabe ou la dernière syllabe hébraïque s'adapte à une note formant intervalle mélodique relativement ascendant.

Deuxième exception. Lorsque la syllabe *survenante* se trouve être un monosyllabe ou une syllabe précédant l'accent dans un mot polysyllabique, ce monosyllabe ou cette syllabe doit également se chanter sur le degré mélodique qui précède, et non sur celui qui suit. Alors, bien que la notation porte une losange, on aura soin de ne pas la couler trop rapidement.

On verra l'application complète de ces règles dans notre *Psautier des Chantres et des Fidèles*, que M. Repos édite en ce moment, et qui, nous l'esperons, doit rendre facile, exacte et vraiment populaire la pratique de la Psalmodie.

Mois de Marie, consacré à Marie, reine du ciel, Mère des anges; par M. l'abbé COULIN. 1 beau vol. de 750 pages, 2 fr.; relié propre, 2 fr. 50 c.; d. s. t., 3 fr. 50 c.; en chagrin, 5 50.

Mois du Saint-Sacrement, ou le Fidèle adorant la divine Eucharistie, etc; par le MÊME, 1 beau vol. grand in-32, 2 f.; relié propre, 2 fr. 50; d. s. t., 3 fr. 50 c.; en chagrin, 5 fr. 50 c.

Mois du Saint-Esprit, contenant les dispositions nécessaires pour recevoir le Saint-Esprit; ce que c'est que le Saint-Esprit; la mission du Saint-Esprit; les dons du Saint-Esprit; les dons de sagesse, d'intelligence, de science, de conseil, de force, de piété, de charité. etc., etc., par le MÊME. 1 joli vol. grand in-32, 2 fr.; relié propre, 2 fr. 50 c.; d. s. t., 3 fr. 50 c.; en chagrin, 5 fr. 50 c.

La Virginité, dédié *à la Vierge immaculée*, contenant l'Excellence de la Virginité; les adversaires de la Virginité; la vertu de la Virginité; conseil touchant la Virginité. Motifs que donne saint Paul pour faire embrasser l'état de Virginité: la Virginité dans le cloître; la Virginité dans le monde; l'influence des Vierges sur la société; les Vierges sages et les Vierges folles, etc. 1 joli vol. grand in-32 de 600 pages, 2 fr.; relié propre, 2 fr. 50 c.; d. s. t., 3 fr. 50 c.; en chagrin, 5 fr. 50.

Histoire des merveilles de Notre-Dame du Laus, tirée des archives du vénérable sanctuaire, par M. l'abbé PRON, avec gravure. 2e Édit. 1 beau vol. in-12, 2 fr. 50 c.; papier vélin, 3 fr.

Notre-Dame de Consolation, à *Vilvorde*, monographie de cet établissement religieux. 1 beau vol. in-12 avec plusieurs gravures, 2 fr.

Vie du Père Charles de Condren, par l'abbé PIN. 1 joli vol. in-12, 2 fr.

Le Livre de la vertu, par M. l'abbé MITRAUD, 1 vol. grand in-32, 2 fr.; relié, 2 fr. 50 c.; d. s. t., 3 fr. 50 c.; en chagrin, 5 fr. 50 c.

Le Livre de la vertu, par le MÊME. 1 vol. in-12, 1 fr. 25 c.

Préceptes dogmatiques et moraux, par le MÊME, In-12, 1 fr. 25 c.

L'art de penser, par le MÊME. 1 joli vol. in-18, 50 cent.

Panégyrique de saint Vincent-de-Paul, par le MÊME, in-8o, 50 cent.

Œuvres de M. l'abbé Henry, 15 vol. in-8o, 52 fr. 50 c.

Traité théorique et pratique de l'accompagnement du plain-chant, par MM. Niedermeyer et d'Ortigue. 1 beau vol. grand in-8e glacé, texte et musique, 5 fr.

Précis historiques, publiés par M. l'abbé TERWECOREN, de Bruxelles, en 5 beaux vol. in-8e papier glacé. — Prix net, 25 fr.

Les mêmes ouvrages, publiés par petits vol. séparés, in-18 glacé, 25 c.

Bibliothèque pieuse, par M. Marius Aubert. 15 in-18 reliés en 7, 12 f.

Bibliothèque pieuse, M. Marius Aubert, en 12 beaux vol. grand in-32, bien reliés, 15 fr.

Vie de saint Thomas de Villeneuve, par M. Dabert. 2e édition, in-8e, 4 fr.

Vie de madame Julie Malleval, religieuse ursuline, par M. Dabert. 1 vol. in-12, 1 fr. 25.

Vie de Louise-Jacquette Benaben, veuve Gelensky, Supérieure de la Maison des Orphelins. 1 vol. in-12, 2 fr.

Trésor des personnes pieuses, 3e édition. 1 joli vol. in-32 relié, 1 fr. 25.

Le Festin des Elus, ou Recueil de prières pour la sainte Communion, pour l'adoration du Saint-Sacrement, etc., par M. l'abbé Tellier. 1 vol. in-18 relié, 1 fr. 50.

Manuel des adorateurs du Cœur de Jésus, par M. l'abbé Nadal, chanoine. 1 joli vol. in-32. 1 fr. 35; relié proprement, 1 fr 75; d. s. t. 2 fr. 25, en chagrin, 3 fr. 50.

Histoire hagiologique, par M. Nadal, chanoine. Un gros vol. in-8, papier glacé, 5 fr.

Le Chrétien sanctifié par l'Eucharistie, par M. l'abbé Henry. 1 vol. in-18 relié, 2 fr.; doré sur tranches, 2 fr. 50; en chagrin, 3 fr. 50.

L'immaculée Vierge Marie, par le P. Lagier. 1 vol. in-18 relié, 2 fr.

Panorama des Prédicateurs, par M. l'abbé Martin. 3 vol. in-4o, net, 30 fr.

Soirées chrétiennes, ou Explication du Catéchisme par des comparaisons et des exemples, par M. l'abbé Gridel. 7 jolis vol. in-12, 10 fr.

Retraite spirituelle, à l'usage des personnes pieuses. Ouvrage utile aux Communautés religieuses. 1 joli vol. grand in-32 relié, 1 fr. 35.

Cours de droit ecclésiastique, par M. l'abbé Crouzet. 3 beaux vol. 12 fr.

Le Guide des pécheurs, par le même. 1 beau vol. 3 fr.

Directeurs de retraites, par l'abbé ROSMINI SERBATI, traduit par le P. Maurice. 1 vol. in-12, 2 fr. 50.

Cours d'homélies sur les Evangiles des dimanches et des fêtes de l'année, par l'abbé RICAUD. 4 vol. in-12, 10 fr.

Testament de N.-S. Jésus-Christ, suivi de celui de la **Sainte-Vierge**, 1 joli vol. grand in-32, rel. gauf. 1 fr. 25.

Librairie de E. REPOS, 8, rue Cassette, Paris.

BIBLIOTHÈQUE DU PRISONNIER

PAR M. L'ABBÉ JOUVENT,

Premier aumônier de la Prison Mazas, à Paris.

Heures complètes du Prisonnier. Recueil de Prières, Instructions, Maximes, Pratiques pieuses, Cantiques les plus appropriés aux besoins des condamnés, 1 vol. in-18, de 600 pages, relié. — Prix net : 1 fr. 50 c.

« Par ses Instructions, ses Formules de « prières, ses Chants pieux qu'il ren« ferme, ce Livre résume en substance « toute la Doctrine Chrétienne : il est « très-propre à réveiller la foi et le re« pentir, à porter la paix et les consola« tions religieuses dans l'âme des con« damnés. Nous désirons de tout notre « cœur voir se propager dans tous les « établissements pénitentiaires un Livre « qui contribuera puissamment à la régé« nération morale d'une classe d'hommes « toujours chère à la religion et aux amis « de l'humanité. » (Monseigneur DÉPÉRY, évêque de Gap, Approbation).

Manuel du Prisonnier. 1 gros vol. in-18, relié. — Prix net : 1 fr. 50 c.

Choix de lectures morales et religieuses, exposition claire et solide des principales vérités dogmatiques et morales du Christianisme ; chaque chapitre est suivi de traits historiques qui en sont le développement et la preuve, 2 vol. in-12. — Prix net : 4 fr.

Si l'on m'avait fait lire ce livre dans ma jeunesse, je ne serais pas ici : Un prisonnier en rendant les volumes. — Je veux acheter ce livre, disait un autre, la larme à l'œil, et le faire lire à mes enfants, etc. Plusieurs en ont fait l'envoi à leur famille, d'autres veulent l'emporter avec eux. C'est par les fruits qu'il faut juger de l'arbre !

Les trésors de l'Histoire, recueil des traits les plus saillants de l'histoire sacrée et profane. Chaque chapitre est suivi de réflexions morales tirées des faits historiques et appliqués aux condamnés, 2 vol. in-12. — Prix net : 4 fr.

Des histoires bien choisies, avérées, amusantes, émouvantes, rien de plus propre à distraire et à moraliser le prisonnier, à prévenir les pensées mauvaises sombres qui viennent l'assaillir, à réveiller dans son âme la pensée, le désir des bonnes actions.

Mosaïque du Prisonnier ou la Mosaïque Populaire, Mélange très-intéressant, très-instructif d'histoires, d'anecdotes bien authentiques, la plupart pleines d'actualité, entremêlées d'articles importants sur le dogme et sur la morale, de morceaux choisis de poésie, d'hygiène, de sentences, de facéties, etc., etc., 2 vol. in-12. Prix net 4 fr.

La Mosaïque offre une lecture aussi variée qu'amusante, et surtout moralisatrice. Les prisonniers, en général peu instruits, agités d'ailleurs par mille peines morales, aigris par les privations, se dégoûtent bien vite d'un ouvrage sérieux et de longue haleine : ce qui leur convient et ce qui les intéresse, c'est un livre qui réunisse l'utile à l'agréable. Telle est la Mosaïque, remarquable par le bon goût qui a dirigé le choix et la distribution des matières, cet ouvrage intéresse au souverain degré l'aumônier, le curé, les frères des écoles chrétiennes, l'instituteur et le propagateur des bonnes doctrines.

Le Spectacle de la Nature, recueil également instructif et agréable des merveilles du monde physique, que suivent toujours des moralités pleines d'onction et d'intérêt. 1 vol. in-12. — Prix net : 2 fr. 50 c.

Ce livre parle à l'esprit et au cœur. C'est la connaissance de Dieu, de l'homme et du monde. Avec une agréable distraction, le prisonnier trouve dans cette lecture des secours de haute sagesse : car il n'est pas une vérité, une vertu, un devoir que l'homme attentif ne découvre dans la méditation des merveilles de la nature.

Almanach de la Cellule, grand Tableau in-folio pour être collé au mur, renfermant, avec le Calendrier si indispensable au prisonnier cellulé, des notions précieuses sur la Cosmographie, l'histoire, la Géographie, la Numération, le Système métrique, l'Evaluation des Monnaies, des Mesures itinéraires, Maximes, etc. C'est un vrai trésor pour le pauvre reclus, il le lit, l'étudie, le copie, l'apprend par cœur !!! — Prix net : 50 cent.

SOUS PRESSE :

L'Abeille des Missions, à l'usage des prisonniers, 2 vol in-12.

www.ingramcontent.com/pod-product-compliance
Ingram Content Group UK Ltd.
Pitfield, Milton Keynes, MK11 3LW, UK
UKHW021106260726
13994UKWH00002B/745